ECONOMIA COLABORATIVA

recriando significados coletivos

Felipe Cunha

ECONOMIA COLABORATIVA

recriando significados coletivos

Coordenação Editorial
Isabel Valle

Versão para o português e Preparação de texto
Téo Benjamin
Esther Klausner

Revisão
Elisabeth Lissovsky

Capa
Isabella Salles

C972e

Cunha, Felipe Berlinski de Brito e, 1985-
   Economia Colaborativa, recriando significados coletivos / Felipe Cunha – Rio de Janeiro: Bambual Editora, 2018.
   132 p.

   ISBN 978-85-94461-05-6

   1. Economia. 2. Cultura e instituições. I. Cunha, Felipe. II. Título.
                                          CDD 330
                                              306

www.bambualeditora.com
contato@bambualeditora.com

A Tatiana, Nico e Bento.

SUMÁRIO

Desvendando o Quebra-cabeças, por Téo Benjamin • 9

Prólogo • 13

Agradecimentos • 15

Introdução • 17

Minhas Lentes: desdobrando a base filosófica • 25

A Teoria U como método de investigação • 37

Escuta Profunda • 43

    Definições importantes: levando o barco ao mar • 44

        O que é Cultura? • 44

        O Comum(ns) • 53

        Então, o que é a Economia Colaborativa? • 62

    Explorando as sombras • 77

    Diálogos Profundos • 90

Experiências Pessoais • 95

Dialogando com tudo isso • 103

Preparando nossa jornada de volta • 121

Referências bibliográficas • 125

Benfeitores, OBRIGADO! • 129

Desvendando o Quebra-cabeças

Felipe Cunha escolheu para si uma tarefa árdua. Encara o desafio de falar sobre um movimento que se propõe a repensar as maneiras como produzimos, consumimos, aprendemos, financiamos e nos relacionamos – desde o nível individual até a escala da sociedade –, a Economia Colaborativa.

Para isso, navega por temas como cultura, Teoria Integral, significados coletivos, autopoiesis, *Enlivenment* e o Comum, organizando ideias que estão no ar, trazendo concretude para conceitos abstratos e explorando aquilo que muitas vezes fica escondido.

No fim, temos formado dentro de nossas cabeças um grande quebra-cabeças com uma imagem clara, que tem dupla função: é, ao mesmo tempo, uma fotografia e um mapa.

Uma fotografia importante do momento atual, mostrando em detalhes a experiência daqueles que dão vida a esse movimento. Os exemplos apresentados não têm nada de ficção. Funcionam, assim, como registro histórico. Se no futuro alguém quiser saber o que aconteceu aqui e agora, poderá recorrer a este livro. Já valeria a pena por isso, mas vai além.

É também um mapa do terreno, de tudo que está ao redor. Felipe entende que nada é por acaso e que ele não surgiu isolado, solto no mundo. Assim como tudo na vida, ele é fruto de seu tempo e para entendê-lo é preciso compreender os processos que nos trouxeram até aqui. Uma vez desenhado o passado, o mapa segue sendo construído, tentando compreender para onde estamos indo.

Assim é montado o quebra-cabeças que ganha corpo neste livro. Mais do que compreender cada peça isolada, cada exemplo, empresa, experiência ou conceito, é preciso entender o todo, a conexão entre as partes. É essa figura, formada a partir desse esforço, que serve como ferramenta para quem quer compreender melhor o mundo em que vivemos. Nossa fotografia e nosso mapa.

Além do estudo das peças e das relações entre elas, é necessário preparar uma superfície adequada para a montagem desse quebra-cabeças. O estudo do Comum é essa base conceitual que nos permite organizar cada ideia apresentada.

Talvez a grande revolução do nosso tempo seja justamente discutir aquilo que é comum entre nós. Nos apegamos a um debate sobre o que é público (administrado pelo Estado) e o que é privado (administrado por um indivíduo ou organização), mas esquecemos de um debate maior sobre o que é particular (o que diz respeito somente ao indivíduo) e o que é comum (o que diz respeito a todos nós).

Afinal, quando uma empresa compra um terreno onde há uma grande fonte de água e ali começa um processo de degradação e poluição, o debate pode ser travado apenas pelo ponto de vista do que é privado? Aquele bem natural, apesar de estar localizado em uma propriedade controlada por uma única entidade, diz respeito a todos nós. Em alguma medida, influencia a vida de todos nós. É comum.

Não é fácil falar sobre o assunto. Os desdobramentos são virtualmente infinitos e é, de fato, muito complexo lidar com bens comuns na escala de uma sociedade global. É fácil administrar uma fonte de água quando a nossa tribo tem cinquenta ou cem pessoas, mas muito difícil quando tem milhares ou milhões. Na medida em que aumentamos a nossa conectividade, aumentamos a complexidade do debate sobre o Comum – e nos afastamos dele.

Felipe consegue navegar pelo assunto com clareza, mas sem deixar de fora a sutileza. Define termos claros, trabalha com conceitos concretos e conecta as ideias de grandes pensadores sem negligenciar sua contribuição pessoal. Avança de maneira assertiva, sempre se certificando de que o leitor possui as ferramentas necessárias para acompanhá-lo.

Talvez "coerência" seja a palavra mais importante para que tudo isso se torne possível. Felipe navega pelos temas com tranquilidade porque vive essas ideias na prática. Todos esses conceitos, teorias e ideias fazem parte do seu dia a dia, seja no trabalho, nos estudos ou na vida pessoal. Quando o autor não apenas é um estudioso do assunto, mas também vive aplicando tudo aquilo sobre o que escreve, a obra ganha uma dimensão de realidade.

Felipe sabe disso e não se coloca em uma posição falaciosa de observador neutro, sem viés, sem vida própria, que apenas analisa os movimentos de fora. Ao trazer os conceitos para dentro de sua vida e a sua experiência para dentro de sua obra, ele se posiciona como parte daquilo que descreve.

Expressa suas ideias através da lente de sua experiência e posiciona o leitor dentro de sua perspectiva. Não se contenta em apenas tirar a fotografia, mas busca deixar claro de onde e por quais pontos de vista ela está sendo tirada.

É com essa pessoalidade que o livro aborda também as sombras desses movimentos. Não é fácil, exige coragem de quem analisa e escreve. O autoelogio é muito comum entre todos aqueles que constroem novas narrativas, que inovam em qualquer área, mas Felipe não foge do debate difícil.

Encara e escancara muitas das dificuldades, das incoerências e inoperâncias da Economia Colaborativa porque sabe que só assim podemos refletir, aprender e crescer. O amadurecimento vem também do olhar atento na direção daquilo que não é ideal.

Por fim, é preciso destacar a importância de um trabalho produzido no Brasil, por uma pessoa brasileira, a partir das experiências construídas aqui. O mundo é complexo, tem nuances, sutilezas e diferentes contextos. Não basta copiar e colar o conhecimento produzido lá fora.

Podemos beber em fontes estrangeiras, mas produzir conteúdo autoral, próprio e genuinamente brasileiro é um requisito fundamental para o fortalecimento do ecossistema local.

O Brasil não apenas faz parte desse movimento, mas pode ser liderança. Em muitos aspectos, somos um país propício para o desenvolvimento da Economia Colaborativa. Podemos puxar a fila. É isso que Felipe faz, com muito mérito.

Téo Benjamim
Estudioso da Economia Colaborativa e
consultor de financiamento coletivo pelo Bando

Prólogo

Bem-vindo! Espero que você tenha uma boa jornada através deste livro. Convido você a navegar pela Economia Colaborativa, suas potências, dores e inovações. Estaremos mantendo nossa referência constante no *Commons*, como principal orientação, e analisando a Economia Colaborativa através do olhar Cultural.

Começo essa obra por conceituar detalhadamente a base de pensamento e fundamentos que nos guiará por todo caminho. Depois, vamos entender nos capítulos seguintes os principais conceitos deste livro: Economia Colaborativa, Cultura e *Commons*. A partir disso, desvendaremos as luzes e as sombras da Economia Colaborativa para promover uma dialética crítica e sóbria deste fenômeno.

Este livro nasceu da minha dissertação de mestrado no *MA Economics for Transition* ("economia para transição") na Schumacher College, na Inglaterra. Depois de 4 anos, a Bambual Editora – trabalhando com afinco para produzir livros que inspirem transição – traduziu, produziu e materializou esse livro em português. Fizemos uma pequena adaptação de linguagem e de algumas informações que datavam de 2014 e que, agora, fariam menos sentido. Porém, a maior parte das pesquisas e entrevistas que precede este livro foram realizadas entre 2013 e 2014.

Foi um caminho de pesquisa bastante intenso e instigante que, além de suor, gerou muitas emoções. Esse trabalho foi realizado através de uma extensa e cuidadosa revisão bibliográfica, acompanhada de uma investigação em primeira pessoa (respeitando minhas próprias experiências vividas) e algumas entrevistas com empreendedores brasileiros.

Por falar em tradução, tivemos desafios um tanto ingratos com diversos termos e conceitos em inglês, em especial: *Commons* e *Enlivenment*. Para o primeiro resolvemos criar uma versão em português que pudesse manter o mesmo sentido da palavra original. Para isso, usamos a palavra "Comuns", uma palavra reconhecida em português que, ao mesmo tempo, escapa do significado tradicional de "comum" – simplório, usual, ordinário, habitual. Já para *Enlivenment* não encontramos uma tradução suficientemente boa em português e que não gerasse extrema estranheza na nossa linguagem. Esse conceito, portanto, decidimos manter em inglês.

Divirta-se!

Espero que este texto inspire novas conversas e ações sobre como vamos criar juntos – em pequenos ou grandes grupos – uma vida que faça mais sentido.

AGRADECIMENTOS

Esta jornada se iniciou na Schumacher College, na pequena cidade de Totnes, na Inglaterra. E por ter sido um dos momentos mais especiais e inspiradores da minha vida, vem de lá meu primeiro grande agradecimento. Sou grato por cada cantinho e por todas as confusões, reflexões, descobertas e renovações que aquele lugar mágico me trouxe.

Obrigado especial para o orientador e mestre Jonathan Dawson por ter me ajudando a encontrar meu próprio trabalho, minha própria voz, na dissertação que precede este livro.

Também quero agradecer o apoio da minha família – meu pai, minha irmã, minha mãe. Especialmente minha mãe, que está sempre atenta para fazer os caminhos da vida serem um pouco menos tortuosos.

Aos amigos. Meu porto para recriar a vida. Juntos, construindo novos significados para a existência (im)possível dos nossos tempos. Aos amigos mais próximos, por me mostrarem como podemos compartilhar a sensibilidade e evoluir juntos a cada passo para lutar pelos nossos sonhos. Me sinto infinitamente afortunado de ter amigos como vocês.

MUITO OBRIGADO a todos que colaboraram com o financiamento coletivo para este livro. Obrigado por confiarem em mim e me mostrarem que uma nova economia é possível. No final do livro agradecemos, um a um, a todos que contribuíram.

E claro, este livro não teria se materializado sem as mãos realizadoras da incansável Isabel Valle, da Bambual Editora. Obrigado, Bel! Ao querido amigo Téo Benjamin, por nos brindar com o prefácio e por ter traduzido boa parte deste trabalho.

Não poderia deixar de agradecer aos oito empreendedores que me concederam entrevistas especiais para ampliar a magnitude deste trabalho: Bernardo Ferracioli, Daniel Larusso, Eduardo Cuducos, Guilherme Lito, Camila Carvalho, Ursulla Araujo, Vinicius de Paula Machado e Sharlie Oliveira. O trabalho de vocês é fonte inesgotável de inspiração e esperança.

Por fim, meu coração. Minha esposa e companheira Tatiana e sua força diária de manter nossa vida de pé. Te amo. Nico, por me ensinar todo dia aquilo que eu jamais poderia entender sem ela e por me fazer um outro Felipe diariamente. E Bento, minha fonte de vida, amor e paz.

Introdução

Mergulhar nas palavras deste texto é, sobretudo, um convite para explorar nossa curiosidade e encontrar nossa reflexão. Espero que você absorva estas palavras com abertura e esperança. Minha **intenção é que este livro se torne uma referência sobre novas possibilidades de vida.** É sobre contar juntos, em um futuro próximo, uma história diferente, uma narrativa diferente. Ao longo do caminho de escrita, eu ouvi com bastante atenção muitas vozes sobre cultura, Economia Colaborativa, os Comuns e as relações humanas. Vozes que eu interpretei, analisei e agora devolvo para o mundo.

Minha esperança é que você, leitor, também faça o mesmo com estas próximas palavras: espero que algumas delas te toquem e ajudem a colaborar, valorizando a abundância da vida e impulsionando novas ideias e atitudes. Acredito que apenas juntos conseguiremos superar vários dos desafios que enfrentamos hoje em dia.

Se observarmos bem, todo indivíduo no planeta está constantemente compartilhando significados, intenções, influências, ideias, valores e criatividade para nos tornarmos "nós". Fui tomando consciência de que apenas é possível estar presente no aqui e no agora através do contato com os outros. De fato, isso foi o que chamou a minha atenção, inicialmente, para desenvolver esse trabalho: cada indivíduo tem um certo nível de autonomia, mas todos os sistemas vivos compartilham um leque comum de propriedades e princípios organizacionais, padrões que conectam a todos nós nesta rede entrelaçada da vida.

Por um longo tempo procurei as coisas que nos diferenciam, na tentativa de tentar entender as singularidades. Agora, no entanto, apesar de respeitar as particularidades de cada indivíduo (ou grupo), calibrei minhas lentes para aquilo que temos em comum e comecei a me perguntar: quais são os laços que nos conectam?

Então, como veremos nos próximos capítulos, naveguei entre novas áreas da ciência como o Pensamento Complexo, a Visão de Sistemas Vivos, *Enlivenment* e a Teoria Integral para ajustar meu foco a um novo entendimento da vida. Para balancear a atual visão de mundo egocêntrica e mecanicista, esses conceitos foram evoluindo a partir de uma perspectiva ecológica, que enxerga a vida baseada no tecido vivo das relações ou ecossistemas.

Assim, através desta lente vamos refletir sobre a capacidade da cultura de ecoar significados entre pessoas e acolher a ascensão da Economia Colaborativa em meio à complexa transição social que vivemos no século XXI. Como Castells argumenta, nós estamos vivendo "um emergente tempo alternativo, feito de um híbrido entre o agora e o futuro próximo". Acredito, profundamente, que estamos vivendo um tempo fabuloso de mudanças rápidas e significativas, testemunhando nosso contínuo e inerente potencial para construirmos um futuro melhor. Então, sugiro que você abrace as palavras deste papel numa direção de repensar a cultura do nosso dia a dia.

"A Comunidade é um objetivo a ser alcançado e compreensão, conexão e confiança são os pontos iniciais e fontes de empoderamento."

Manuel Castells

Partindo desta ideia, investiguei a Economia Colaborativa – suas sombras e luzes – a partir de uma perspectiva cultural, mantendo os Comuns como ponto de referência.

Portanto, ancorei esta pesquisa em um questionamento principal: **em que grau o surgimento da Economia Colaborativa está catalisando uma profunda reforma[1] cultural em direção aos Comuns?**

Vamos explorar os significados de cada um destes conceitos e encontrar padrões para jogar nesta complexidade, cheia de contradições e paradoxos.

Este questionamento, definitivamente, não é completo. Esse é o ponto onde me encontro agora, com o tempo e espaço que tenho disponíveis. Acredito fortemente que este tema está em contínua evolução na minha vida.

CULTURA, ECONOMIA COLABORATIVA E OS COMUNS

Estudar "cultura" e "Economia Colaborativa" como conceitos é como tentar se equilibrar em um terreno instável e escor-

---

1 Em seu livro *A cabeça bem feita: repensar a reforma, reformar o pensamento*, Edgar Morin se refere a uma "reforma do pensamento" para explicar que precisamos de uma profunda mudança de valores e crenças, não apenas um simples desvio ou revolução superficiais. Segundo ele, o desafio de todos os desafios é que a reforma é não-programática, mas paradigmática, no que diz respeito à nossa capacidade de organizar o conhecimento. Acredito que o termo "reforma" está inserido aqui para enfatizar a reestruturação ou mudança das fundações, das quais pensamos e vemos a vida.

regadio. Quando me apego a uma ideia que parece factível, ela escapa com facilidade. De fato, é muito desafiador tentar definir tudo isso, mas se trata de um desafio intrigante e interessante.

Encontrei um emaranhado de tentativas epistemológicas, mas não é exatamente isso que prende a minha atenção. Minha intenção não é apenas entregar definições da palavra "cultura", mas tê-la como uma lente de aumento para entender fenômenos da economia contemporânea, particularmente da "Economia Colaborativa".

Esta característica escorregadia talvez seja parte do próprio fenômeno "Cultura": às vezes caio em negação a respeito do seu perfil conectivo por encontrar claras especificidades de alguns exemplos únicos; outras vezes é tão enorme e evidente – está em todos os lugares, em todos os tempos – que não consigo abraçá-la. Assim, observando "cultura", em sua totalidade, é um movimento constante de contração e expansão. Acredito que, pelo fato de ser a base de toda relação social e física – cultura – é, de fato, cheia de paradoxos: ela nos distingue e nos une ao mesmo tempo; é simultaneamente a rede que tece as mentes, valores e comportamentos das pessoas, e a essência de cada identidade.

Como Dan Hofer declarou, "quanto mais nos conectamos e quanto mais nos entendemos, maiores as chances deste mundo ser um lugar melhor". Temos uma fabulosa capacidade de lidar com nossos próprios problemas quando nos descobrimos como comunidades, libertando o potencial inibido e reprimido para a mudança e a inovação.

A ideia de Adam Smith, de que um indivíduo perseguindo seus próprios interesses promove o bem da sociedade como um todo, se transformou em uma corrida por benefício individual, dependência do consumo, individualismo e competitividade. Hoje, praticamente todos os aspectos do nosso dia a dia estão conectados de alguma forma a trocas comerciais, permitindo que o mercado nos defina. Nos tornamos escravos do sistema de mercado e do desejo pelo "meu novo produto". Até agora, basicamente, a "única" opção para atender nossas necessidades é através da compra de produtos e serviços, como comida, energia, cuidado, saúde etc. Dependemos exclusivamente do sistema monetário, que é controlado "oficialmente" pelo governo e bancos privados, e para sobreviver neste sistema temos que nos transformar em uma massa de "trabalhadores" incorporada em um imaginário coletivo de mérito, dominação – o mais forte sobrevive – injustiça, escassez, crescimento infinito e hiperconsumo, produção e descarte.[2]

Considerando que a palavra "economia" vem do grego antigo *oikos* (eco) e *nomus* (nomia), que significa gestão da casa – ou organização interna –, atualmente estamos vivendo um pesadelo e agindo como sonâmbulos. Além disso, esta prática econômica vem com severas negligências ambientais e sociais, que trazem uma crise geral e multifacetada no mundo e um profundo senso de alienação de si, do outro e do ambiente.

No meio dessa caótica "crise em fazer sentido" e do avanço da sociedade em rede, novas formas criativas de economia estão emergindo, dentre elas a Economia Colaborativa.[3]

---

2 "Atualmente, 80% de todos os produtos são descartáveis e 99% dos materiais que compõem os produtos se tornarão lixo em torno de 6 semanas." – Rachel Botsman, 2010.

3 A maneira como vemos o mundo e, portanto, lidamos com a vida não faz mais sentido. Nosso sistema operacional humano para necessidades

De acordo com Morin, quando um sistema é incapaz de resolver seu próprio problema vital, ele se desintegra ou, na sua própria desintegração, se torna capaz de metamorfosear-se em um metassistema mais rico, capaz de lidar com esses problemas. Gosto especialmente da ideia de uma "metamorfose" cultural, como a lagarta, que digere a si mesma para criar um organismo cheio de vida: a borboleta. Cada sistema tem dentro de si suas forças de transformação e regeneração.

Normalmente, pensamos na necessidade de poder político e econômico para superar nossos problemas, mas esquecemos do poder dos significados coletivos nas redes sociais para alcançarmos nossos objetivos. A colaboração tem um potencial tremendo para unir pessoas e reforçar a coprodução local e o consumo compartilhado de várias e diferentes maneiras, com o potencial de engrandecer a vitalidade das comunidades e um certo nível de liberdade em relação aos sistemas tradicionais.

Rachel Botsman define a Economia Colaborativa como: "Uma economia construída de redes conectadas de indivíduos e comunidades, em oposição a instituições centralizadas, transformando como produzimos, consumimos, financiamos e aprendemos". A Economia Colaborativa está desafiando a forma como

---

básicas, realização e relacionamento é cheio de contradições com consequências devastadoras, como Andreas Weber traz neste notável artigo: "*Enlivenment*: rumo a uma mudança fundamental nos conceitos de natureza, cultura e política" (em livre tradução). Nossa produção industrial é ruim para nosso próprio planeta, nosso sistema de saúde é baseado em lucro, nosso sistema alimentar é ruim para nós e para a natureza, temos 85 pessoas com a mesma quantidade de riqueza que 3,5 bilhões e 19 milhões de pessoas sofrendo de depressão na Europa (sem levar em conta o restante de todo o globo). Estes são alguns exemplos de como o nosso sistema operacional não faz sentido e é na verdade fruto de uma dimensão mais subjetiva: a nossa forma de pensar.

enxergamos a propriedade, o lucro individual e a capacidade coletiva e está mostrando um imenso potencial para mudar nossas intenções conjuntas.

Existe um "sistema" usado por várias comunidades ao redor do mundo há séculos para administrar coletivamente os recursos comuns, sem a necessidade de intermediários (i.e., governos e o setor privado): os Comuns.[4] Este conceito foi revisitado ultimamente por vários pensadores de vanguarda e sua versão contemporânea está emergindo como a possibilidade de "prover benefícios que corporações não conseguem prover, com ecossistemas saudáveis, seguridade econômica, comunidades mais fortes e cultura de participação".

Ajustando o foco na Economia Colaborativa

Apesar de a Economia Colaborativa parecer ter um importante papel na mudança cultural em direção a uma cultura de pares, baseada nos Comuns, muitas sombras a acompanham.

Neste livro vamos dialogar sobre vários aspectos, com pontos de vista divergentes, em zonas cinzas particulares da Economia Colaborativa como, por exemplo, a falta de regulamentação e direitos trabalhistas, as iniciativas orientadas pelo lucro e a manutenção da desigualdade social.

É muito importante esclarecer que a Economia Colaborativa tem uma extensa variação de definições, agentes, intenções e iniciativas que enriquecem a pluralidade intrínseca deste fenômeno, enquanto difundem a capacidade de análise. Além disso, este conceito é relativamente novo e ainda está muito longe

---

4 Do original em inglês *Commons*.

da maturidade. Assim, para que essa análise aconteça, a atenção precisa vir de uma fonte diferente, nutrida de um pensamento complexo, capaz de desfazer cada sombra. A maioria das críticas à Economia Colaborativa vem de uma visão fragmentada do problema e merece um olhar cuidadoso.

Quando um antropólogo observa uma cultura isolada, enfrenta um dilema profundo: enquanto ele está presente em sua própria cultura, sua interpretação de outra cultura é influenciada por um conjunto de padrões preestabelecidos, que criam uma falta de capacidade para compreender certas coisas desta outra cultura. Mas, quando ele decide viver no campo de estudo e estar de fato imerso nessa cultura "estranha", vivenciando-a, para vê-la por um ângulo diferente, sua compreensão muda de fato. Contudo, já não consegue explicar o que observou e, principalmente, sentiu, baseado nos seus padrões "originais" – pois partem de bases de compreensão diferentes.

Sinto que algo similar acontece em relação à Economia Colaborativa e aos Comuns. Estamos tentando analisá-los, mas com a visão da nossa cultura atual, dado que ainda não somos capazes de viver esta nova economia integralmente. Então, como é genuinamente difícil de entender certas coisas, este dilema ainda demanda um olhar marginal para uma transição em movimento.

Minhas Lentes: Desdobrando uma Base Filosófica

Primeiro, peço permissão para uma licença poética. Apesar de apresentar este assunto nutrido de uma visão analítica, tomei a liberdade de ser também um artista aqui. Acredito que escrever é uma expressão de criação e, por isso, clama por arte. Desta forma, podemos ler e apreciar a palavra escrita sem uma seriedade excessiva e desnecessária, nos convidando a estimular nossa criatividade durante a leitura. Uma visão mais poética pode trazer mais vida para a leitura, nos dando um escopo para a imaginação e a inspiração, em vez de nos transformar em "consumidores de informação" passivos – escrever não é entregar o conhecimento, mas sim a arte de provocar o saber. Essa interação é intrínseca e importante de ser cultivada. Temos que carregar as duas características juntas para entender a vida, uma é interdependente da outra: seriedade e brincadeira, como arte e ciência.

"Para Nietzsche, o objetivo maior seria ver a ciência da perspectiva de um artista e ver a arte da perspectiva da vida."

Otto Scharmer

Imaginei que seria melhor se eu começasse contando como observo o mundo, com quais referências, e quais as minhas bases de pensamento. Acredito que toda tentativa de mudar os padrões de vida precisa de uma reforma estrutural. Estas "lentes" que se acomodam em frente aos meus olhos agora são muito importantes para mim e me ajudam a ajustar a minha forma de interpretar o mundo e, consequentemente, também este trabalho.

"O pensamento econômico no paradigma existente não é plausível de gerar soluções sustentáveis porque reluta em reconhecer qualquer papel significativo para o propósito humano auto-organizado e sentido na tomada de decisão socioambiental. O propósito é sempre o mesmo e sempre conhecido de antemão: crescimento econômico irrestrito. Portanto, até mesmo aqueles que estão buscando desesperadamente a mudança vão negligenciar soluções viáveis e falhar em catalisar mudanças sistêmicas, porque estão presos em uma visão de mundo atrofiada. As soluções reais não vão emergir a não ser que os atores ajustem primeiro suas visões em um paradigma diferente" – Andreas Weber, 2013.

Uma mudança no "conhecimento"

Antes de mais nada, o que seria o conhecimento sem parceria, informação e generosidade? Não existe um conhecimento que simplesmente aparece do nada, sem a coexistência de múltiplas referências e influências, prévias e simultâneas. Qual é o fundamento de um conhecimento enjaulado? Isolado? Todo conhecimento nasceu para ser transmitido, não para morrer na propriedade, e por isso deveria ser reconhecido como um esforço coletivo – pelo menos na dimensão intersubjetiva.[5] E, quando transmitido, qual é o sentido de ser ilegível, fechado no seu próprio intento, egoísta ou pouco amigável ao outro?

Como Edgar Morin propõe, é necessário transpor a "racionalidade pura". Precisamos de um diálogo entre racionalidade e afeto, onde a razão é misturada com a afetividade, tornando-se uma racionalidade aberta. É também sobre um pensar no "outro", trazer leveza e cuidado coletivo para o conhecimento e a transferência de conhecimento. Precisamos de uma racionalidade complexa que encara contradições e incertezas sem sufocar-se ou desintegrar-se. A única coisa que sabemos é que a incerteza está no centro da realidade e que vivemos em um oceano de interrogações, com ilhas e arquipélagos de convicções.

Todo o conhecimento se completa com vazio e abertura. Sem uma abertura constante, não há espaço para autonomia,

---

5 Intersubjetividade "conceitua a relação psicológica entre as pessoas. É usualmente usado em contraste com a experiência individual, enfatizando nosso ser social inerente. (...) A intersubjetividade mais sutil pode se referir ao 'senso comum', significados compartilhados construídos pelas pessoas em suas interações e usados como um recurso cotidiano para interpretar o significado dos elementos da vida social e cultural; (...) é essencial na formação de nossas ideias e relações." (Tradução livre feita a partir do texto consultado em http://en.wikipedia.org/wiki/Intersubjectivity).

criação e inovação. De fato, o espaço vazio permite fluidez para conexões que emergem e mantém o potencial mais elevado de cada um. Todas as possibilidades existem dentro do nada, há toda música dentro de cada silêncio. Assim, a habilidade de estar aberto a novidades é o que transformará a relação com o conhecimento e, possivelmente, o relacionamento entre propriedade intelectual e liberdade.

> *"Não sou nada.*
> *Nunca serei nada.*
> *Não posso querer ser nada.*
> *À parte isso, tenho em mim todos os sonhos do mundo."*
>
> Álvaro de Campos

Para enfrentar problemas complexos é necessário abraçar incertezas e imprevisibilidades, interdependências e retroalimentações[6] com descontinuidades, não-linearidades, desequilíbrios, bifurcações e comportamento caótico. Esta é a base do Pensamento Complexo. Isso abre um caminho de aceitação para alguns fundamentos básicos para o pensamento complexo: o desconhecido está sempre presente; somos uma rede de padrões inseparáveis de relacionamento; devemos estar abertos para a novidade e assim muitas vezes também aos nossos contrários; e todo pensamento é passível de contradições e enganos.

---

6 Podemos entender interdependência como a ideia de que nada é isolado e tudo depende um do outro para existir. A retroalimentação se refere à ideia de que a estimulação e seus efeitos colaterais são compartilhados por muitos, afetam muitos em cadeia, o que também pode ser entendido como *feedback*. Nós vivemos em constante comunicação.

Em vez de continuar pensando que o universo é uma coleção de objetos, é importante entender que, de fato, ele se parece muito mais com uma abundância de sujeitos em relacionamentos e interações, onde os objetos estão vivos e em constante cooperação – ou, como Gregory Bateson afirma, todo organismo no planeta pode ser reconhecido como uma "mente" (ou "*mind*"), com auto-organização, intenção pela vida e consciência, em permanente comunicação. Portanto, precisamos de uma ciência com intenções mais profundas, incluindo a sabedoria e a consciência de um todo: uma ciência significativa e aberta a diferentes tipos de saber e não a ambições orientadas pelo ego ("a ciência pelo bem da ciência").

"Somos *hólons* dentro de *hólons*"

De acordo com Ken Wilber, todas as coisas são, na realidade, um 'todo' que é parte de outro 'todo' infinitamente. Isto ele define como "*hólons*". Por exemplo: as moléculas são compostas de átomos; as células são compostas de moléculas; os órgãos são compostos de células; os animais são compostos de células e órgãos; os animais são também parte do planeta Terra, que é parte do sistema solar, e assim por diante, até o infinito.

Segundo ele não existem *partes*, nem *todos*, apenas *todos/partes* – ou *hólons*. Tudo na vida é *parte* e *todo* ao mesmo tempo. Por um lado o *todo* é sempre maior do que a soma das partes (a comunhão das partes é um fator essencial para formação da unicidade do todo) e o *todo* determina a função das partes (e vice-versa). Por essa razão, toda *parte* depende de um *todo* e o *todo* sempre depende de suas *partes*, e eles estão conectados por contexto específico – o que explica como uma *parte* pode ser diferente dependendo da sua situação, do contexto que habita, ou seja, do *todo* no qual está inserida.

Ken Wilber, o filósofo da Teoria Integral, também se refere à teia da vida formada por três principais domínios interligados, aos quais qualquer *hólon* está submetido: a Fisiosfera (matéria), a Biosfera (vida) e a Noosfera (mente). Na nossa jornada vamos focar mais na Noosfera.

De acordo com a Teoria Integral, cada *hólon* está inserido em uma ordem hierárquica que é entendida como "holarquia". Para Wilber, hierarquias são assimétricas e não lineares, pois são compostas de *hólons*. Neste sentido, "holarquia" é definida como a "sequência de partes afins que, desdobradas e em crescente integralidade, formam grandes redes – totalidades –, de maneira que a totalidade maior, ou mais ampla, é capaz de exercer influência sobre a totalidade menor".

Então, acima de tudo, "somos *hólons* dentro de *hólons*, estruturas dentro de estruturas e contextos dentro de contextos". E todos estão interligados de alguma maneira.

Wilber apresenta em seu livro vinte princípios sobre os *hólons*, dos quais extraí alguns que acredito serem extremamente relevantes para o entendimento deste trabalho:

a) Os *hólons* demonstram quatro capacidades fundamentais: *autopreservação* (preservando sua identidade); *autoadaptação* (mantendo o sentido de pertencimento); *autotranscendência* (a capacidade de se transformar em algo novo e emergente – ou evolução) e *autodissolução* (pode se dissolver na mesma sequência vertical que foi criada).

Todos os *hólons* estão integrados uns com os outros, então cada um deles tem essas quatro capacidades simultaneamente

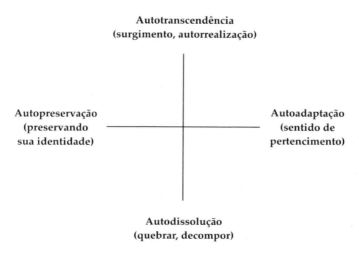

Figura 1: As quatro capacidades fundamentais dos *hólons*.

e todas elas vivem em constante tensão entre os extremos (as bordas) de seus respectivos eixos. Por exemplo, demasiada individualidade leva a retaliação da comunidade e isolamento, perdendo a capacidade de sobrevivência (dado que os *hólons* são interdependentes) e então ocorre a dissolução. Por outro lado, união demais, doação ao coletivo, como busca de pertencimento em exagero significa a perda da integridade individual (a sua identidade) e há, então, dissolução da mesma forma. No entanto, se há um equilíbrio entre autonomia e comunhão tendemos a evoluir, transcender e se desenvolver.

Acredito que este conceito seja realmente útil como base para estudar a cultura, os Comuns, a colaboração e as relações sociais. Este balanço entre as bordas é fundamental e, a seguir, veremos como. Nossa sociedade é governada por um excesso de instituições e em capítulos mais adiante vou falar sobre a necessidade de reequilíbrio. A colaboração, assim como a sua autonomia, sua identidade, são muito importantes para sua evolução como indivíduo e, logo, para o ecossistema que você vive.

b) Os *hólons* podem coevoluir. Eles vivem em interdependência com os outros e então evoluem juntos. Não existem *hólons* sozinhos. Tudo está ligado por certos padrões de conexão que fazem a vida existir – ou seja é através da conexão entre os diversos *hólons* que podemos existir, por exemplo desde entre células e átomos até entre mim e você. E este padrão da conectividade que cada *hólon* tem é justamente o que ao mesmo tempo define a sua própria individualidade. Apesar de os *hólons* serem inseparáveis, os padrões de conexão de cada um é único e o torna uma forma singular.

c) A evolução é direcionada: *aumento da complexidade e da organização/estruturação* (o sistema sempre se desdobra em um sistema mais complexo, com um grau maior de organização); *aumento da diferenciação/integração* (a evolução demanda que ambas aumentem juntas, ou seja: a diferenciação aumenta a diversidade e a criatividade, onde os *hólons* são capazes de perceber sua própria identidade; e a integração cria unidade e conexão); *aumento da autonomia relativa*[7] (isso se refere a uma certa flexibilidade quando confrontado com mudanças nas condições do ambiente).

Outro conceito relevante desenvolvido por Wilber, para entender a vida e sua complexidade, são as quatro sequências do holismo, ou as quatro perspectivas do *hólon*, ou as quatro facetas de um *hólon* ou, ainda, como ele mesmo chama, "os quatro quadrantes", ilustrados na figura a seguir:

---

7 "A autonomia de cada *hólon* está sujeita a forças e sistemas maiores, dos quais é apenas um componente – seu ambiente, contexto, imediações –, (...) que o estão submetendo a uma série de circunstâncias e condições limitantes, que podem alterar sua expressão" (WILBER, 2000).

	INTERIOR	EXTERIOR
	superior esquerdo	superior direito
INDIVIDUAL	EU INTENCIONAL SUBJETIVO	ELE COMPORTAMENTAL OBJETIVO
COLETIVO	NÓS CULTURAL INTERSUBJETIVO	ELES SISTEMAS SOCIAIS INTEROBJETIVO
	inferior esquerdo	inferior direito

Figura 2: Os quatro quadrantes dos *hólons*.

Nestes quadrantes Wilber representa uma matriz de quatro dimensões do *hólon*, organizando-os entre individual (subjetivo) e coletivo (social e comunitário); exterior (como eles parecem quando vistos de fora) e interior (como parecem vistos por dentro).

Apesar de existirem em integração uns com os outros, neste trabalho focarei mais na parte inferior dos quadrantes. Minha intenção não é explorar a teoria integral aqui, mas tê-la como um repertório significativo na pesquisa, sendo parte da mudança de foco no olhar. Quando obtemos essa visão integral, nossa percepção de todas as relações, sejam elas humanas ou até mesmo ambientais, também sofrem alteração. E é daí que vamos mudar a cultura.

ENLIVENMENT

Seguindo este caminho de novas narrativas para a ciência, o pensamento e o conhecimento, Andreas Weber publicou uma contribuição memorável em 2013. Em sua publicação *"Enliven-*

ment: rumo a uma mudança fundamental nos conceitos de natureza, cultura e política",[8] Weber propõe uma mudança na nossa ciência básica saindo da perpetuação do iluminismo para um pensamento *Enlivenment*. De acordo com Weber, "em um primeiro momento, [*Enlivenment*] significa fazer com que as coisas, as pessoas e o próprio eu vivam de novo – ser mais cheio de vida, se tornar mais vivo". Isso tudo não exclui a racionalidade analítica, mas pode "conectá-los com outros modos de ser, como nossas relações psicológicas e metabólicas, com o mundo 'mais-que-humano', em ambos os aspectos animado e inanimado". É uma ponte proposta entre racionalidade, subjetividade e sensibilidade.

Enlivenment é contrário à ciência cartesiana-newtoniana-darwinista, que é ancorada em uma visão racional e mecanicista da vida – uma visão de mundo fragmentada, que separa a matéria da mente e da dimensão "mais-que-humana". Existe aqui a mudança da ideia darwinista de que os organismos vivos estão lutando uns contra os outros pela sobrevivência, para, de fato, a percepção da vida como uma interação complexa de indivíduos com objetivos e significados conflitantes e, ao mesmo tempo, incrivelmente simbióticos.[9]

Weber traz uma interessante reflexão que surgiu de uma abordagem mais ecológica, reconhecendo o suporte mútuo de todas as coisas no Planeta – o princípio de *Interbeing*: "O indivíduo é capaz de perceber a si mesmo apenas se o *todo* puder se perceber. (...) Quanto mais profundas são as conexões no siste-

---

8 Livre tradução do título original *"Enlivenment: Towards a fundamental shift in the concepts of nature, culture and politics"*.

9 A simbiose é essencial para o apoio da vida: é um conjunto de interações mutualísticas e persistentes entre os seres.

ma, mais nichos criativos ele fornece para seus membros individuais". De acordo com este princípio, a "consciência de quem se é" só é possível através dos outros. Liberdade ou autonomia são viáveis apenas quando relacionadas com o todo; isso demanda uma negociação constante com a necessidade: possível apenas quando aliando intenção e necessidades individuais com a comunidade maior – o que exige limites e conexão contínua. Por exemplo, eu não posso "tomar" demais de um ambiente quando existe risco de comprometer outros seres e o próprio ambiente do qual a vida depende. Mas, ao mesmo tempo, minha personalidade influencia e é influenciada pelo ambiente. No fim, tenho a capacidade de ser autônomo dentro de certas condições mínimas para a manutenção da vida e todo organismo é uma expressão destas condições de existência. Desta forma, sempre existe "liberdade-na-e-através-das-relações".

Por outro lado, os chilenos Maturana e Varela, em 1980, introduziram o conceito de "autopoiesis", que implica que um organismo é capaz de desenvolver sua própria organização de forma autônoma – isso significa literalmente autocriação. No entanto, eles também colocam que esta autonomia é a habilidade de interpretar influências externas constantes modificando a própria organização dos indivíduos.

Um indivíduo expressa de forma transparente as condições nas quais a vida acontece. Todo ser humano ou todo organismo é uma expressão das condições de existência, uma materialização em si mesmo do ambiente natural e cultural, através de suas interpretações, intenções e ideias.

Em contraste, com uma razão "objetiva", a *objetividade poética* de Weber complementa a análise exterior com uma perspectiva mais subjetiva, em primeira pessoa. Ela se refere a como nós podemos respeitar mais o que sentimos, e experimentar e reconhecer que o conhecimento é produzido a partir de dentro também – isto é, a célula, eu, você, um grupo, uma comunidade.

UM MOMENTO PARA REFLEXÃO

Agora que estamos usando lentes de observação diferentes e preparados para incertezas, vamos navegar por essas novas rotas da Economia Colaborativa. Depois deste ponto, nós dois – você e eu – vamos começar a tomar partido na criação dela. Minhas ideias, nutridas por outros, junto com a sua interpretação autônoma de cada página dará vida às possibilidades para novos padrões de pensamento econômico. Sinta-se livre para usufruir, criticar e transformar. O conhecimento deve ser aberto e compartilhado.

Aproveite agora para respirar e refletir um pouco sobre as páginas anteriores. Elas são importantes de serem mantidas em nossos bolsos ao longo do caminho e não são tão fáceis de assimilar.

A Teoria U como Método de Investigação

Começar a escrever as primeiras palavras na tela do computador me trouxe uma incrível sensação de pertencimento, ligação e um entusiasmo inesperado ao fazer minha pesquisa. Foi surpreendente a emoção que senti no instante que abri a página em branco do Word. Quando a confrontei, uma mistura de silêncio e uma sensação de câmera lenta tomaram conta de mim – como o subsegundo de puro silêncio antes de uma explosão –, me convidando a abraçar a oportunidade e liberar a energia potencial incubada nos últimos meses de pesquisa e descobertas. Senti como se tivesse alcançado naquele momento um estado de *presencing* – que exploraremos a seguir – no qual me perguntava continuamente onde, como e quando iriam surgir para mim. Este sentimento foi tão poderoso que me levou a começar a escrever sobre a metodologia escolhida para direcionar este trabalho, a Teoria U, de Otto Scharmer. Isto também revelou que o núcleo desta teoria, no qual a metodologia de minha pesquisa é baseada – "Aprender com o futuro à medida que ele emerge" –, me fez começar de uma maneira diferente da qual havia planejado. Neste exato momento, me preparava para escrever as primeiras linhas da introdução, mas algo dentro de mim mostrou um caminho diferente e me convidou a não seguir um processo linear, planejado e racional.

A Teoria U foi desenvolvida por Otto Scharmer e o *Presencing Institute*, no MIT, e é baseada em como podemos mudar nossa estrutura de pensamento, nossa fonte de intenção e atenção do nosso "eu" mais profundo. Esta teoria pode ser utilizada de diferentes maneiras e eu a compreendo como uma "treliça", ou uma estrutura, para lidar com aprendizados profundos e processos de transformação (a partir do pessoal para o coletivo e para as dimensões organizacionais). Longe de ser uma metodologia "passo a passo", a Teoria U é baseada no Pensamento Integral, na fenomenologia, no diálogo e na pesquisa-ação (*action research*) colaborativa, possuindo um conjunto de princípios e evitando assim o método linear.

A forma de U, como demonstra a figura 3, vem da ideia de um mergulho para reflexão, em vez de obter resultados antigos e apresentar uma solução de imediato. Neste caso, acredito que a Teoria U pode perfeitamente ser utilizada tanto em jornadas individuais como em ações nos setores cruzados, onde tenham várias partes interessadas.

Basicamente, ela vem do entendimento de que precisamos abrir nossa mente, nosso coração e nossa vontade para "sentir e operar a partir do maior potencial futuro".

De acordo com essa teoria, *"deixar ir"* é o primeiro passo da etapa *presencing*. Para atingi-la é necessário interromper julgamentos incorporados em antigos padrões e redirecionar a atenção no objeto, para se sentir incluído no processo e ter empatia – desta forma, não agindo com um distanciamento cínico da situação. É necessário abrir a mente, a todo momento, para novas ideias que possam surgir, sem serem consideradas uma verdade absoluta.

Presencing (presença + sentir) é sobre o propósito de regeneração e significa reconectar com a mais profunda fonte de conhecimento, permitindo a aparição do futuro à medida que ele surge através de mim, colocando mente, coração e mãos para trabalharem juntos e usando uma variedade de processos cognitivos como intuição, sensibilidade e conhecimento. Então, "subir o U" é um processo de *"deixar vir"* uma nova intenção, *cristalizando* um visão, agindo espontaneamente (*prototipagem / incorporação*) e, em seguida, *performando* o novo na prática. É quase como a

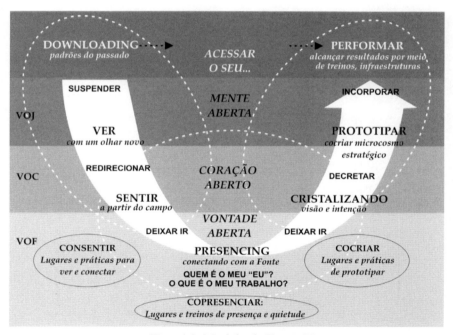

Figura 3: Modelo da Teoria U.

realização num instante. Depois de acessar nosso conhecimento interior (uma fonte mais profunda), estamos instantaneamente abertos à novidade e agimos a partir de fontes diferentes.

No meu caso, decidi começar meu trabalho com uma longa fase de "Escuta Profunda" (que inclui ver e sentir), seguida de um silêncio interior e um processo de "criação".

A Escuta Profunda foi o tempo que dediquei para abrir meus olhos, minha mente, meu coração e meus ouvidos para o tema deste trabalho. Comecei focando em compreender minhas intenções reais com o assunto escolhido e pesquisando sobre a minha pergunta principal: "em que grau o surgimento da economia colaborativa está catalisando uma profunda reforma cultural na direção aos Comuns?" A segunda fase foi dedicada a escutar outras pessoas próximas e distantes de mim. Assim, passei um longo tempo pesquisando por meio de uma revisão de literatura, que é minha base principal, e fazendo uma série de entrevistas com pessoas que conhecia diretamente ou que foram indicadas a mim. As entrevistas foram realizadas com base no Método do Diálogo, do *Presencing Institute*, que propõe "criar uma conversa que gere reflexão, pensamento sistêmico e algumas faíscas de criatividade coletiva".

Durante o processo de Escuta Profunda eu me permiti criar análises e rastrear pensamentos que emergiram desta abertura, colocando anotações em uma parede vazia, em alguns cadernos e em documentos digitais.

Depois desta fase e alguns dias de "silêncio criativo" – conectando comigo mesmo pela meditação, pelo contato com a natureza e com amigos – comecei a escrever (*criando* e *performando*) e, de maneira inesperada, me senti realmente conectado e comovido antes de começar a escrever. Acredito que alcancei o momento *presencing* – involuntariamente – quando me deparei com a tela em branco do computador. Neste momento, senti no meu corpo e na minha mente que estava prestes a começar algo muito importante para mim, finalmente trazendo vida para todo esse esforço mental.

Portanto, eu olhei através deste prisma de diferentes ângulos – da revisão de literatura, ouvindo outras pessoas envolvidas com o assunto e minhas próprias experiências pessoais. Ou seja, primeira, segunda e terceira percepções.

Todo o processo gerou uma oportunidade de manter o fluxo de trabalho e, ao mesmo tempo, me sentir realmente *presente*, isto é, estar aberto ao desconhecido que poderia se desdobrar, permitindo a criatividade emergente e desenvolvendo uma atenção plena constante.

Escuta Profunda

Inspirado pela metodologia da Teoria U, adaptada para este trabalho, comecei minha pesquisa me abrindo para minhas próprias perguntas, minhas questões e curiosidades. Desde o início, entendi que, antes de mais nada, eu tinha que... ouvir!

Considerando que existem inúmeras maneiras de ouvir, em uma perspectiva mais ampla (com os ouvidos, intuições, sonhos, pensamentos etc.), escolhi a mais factível das alternativas que se apresentaram para mim. De uma maneira não necessariamente linear, esta jornada de *escuta* me levou de uma dimensão exterior para uma dimensão interior, como vou apresentar aqui. Esse processo é chamado de *"Escuta Profunda"*.

Portanto, ele consiste em três principais formatos: uma revisão da literatura – ouvir a partir dos questionamentos de uma terceira pessoa; Diálogos Profundos – ouvir de uma segunda pessoa através de conversas / entrevistas com agentes da Economia Colaborativa; e experiências pessoais – ouvir de uma perspectiva de primeira pessoa.

Este capítulo, sobre a Escuta Profunda, está dividido em três seções principais: "definições importantes", "diálogos profundos" e "explorando as sombras". Minha experiência pessoal relatarei em um capítulo mais adiante.

Definições importantes: levando o barco ao mar

Antes de continuar, é importante definir alguns pontos de partida. Existem três principais assuntos neste livro e que vamos explorar ao longo do caminho: Economia Colaborativa, Cultura e o Comum. Por isso, é importante construir bases gerais sobre os seus significados.

Depois de um longo processo de revisão bibliográfica dos principais tópicos da literatura e organização dos seus limites, consegui trazer alguns resultados que representam o estado atual da minha pesquisa. Estou ciente de que estas definições são dinâmicas, mudando ao longo do tempo (hoje mais rápido do que nunca), e de que existe uma variedade de pontos de vista. Contudo, minha intenção com este capítulo não é criar uma batalha epistemológica, mas uma tentativa de demonstrar o que eu entendo sobre estes conceitos.

O que é cultura?

Nos últimos anos eu me perguntei com frequência o que está por detrás das relações humanas. O que nos faz pensar sobre algum assunto? Desejar alguma coisa? Detestar outras? E o que nos faz tão parecidos de várias maneiras? (Por exemplo, calças jeans, camisetas, *rock'n'roll* e computadores pessoais estão presentes praticamente no mundo todo.) Como essas coisas existem em lugares tão distintos? Eu também procurei entender o quanto mudamos quando nos encontramos em culturas diferentes, vivendo em diferentes sistemas. Por exemplo, depois que fui a Inglaterra, pude observar certos padrões da minha vida que não podia perceber quando estava no meu ambiente "original". Então, o que esse "nós" faz conosco?

Acredito que essas perguntas são muito parecidas com as questões ontológicas de Otto Scharmer:

"– Qual é a fonte dos nossos processos e estruturas sociais promulgados coletivamente?"

"– Quem está se fazendo presente e atuando através de nós quando nos engajamos em um processo social ou coletivo profundo?"

Retornando ao que vimos um pouco atrás, sobre os "quatro quadrantes" de Ken Wilber, vamos nos deter agora no quadrante inferior esquerdo. Isso significa investigar o processo coletivo acontecendo na dimensão interior, ou seja, "significados interiores compartilhados que constituem a visão de mundo (ou espaço de mundo comum) de *hólons* coletivos ou comunitários". Apesar de não ser possível desintegrar o ser humano e isolar completamente dos outros quadrantes, quero observar com mais cuidado e ênfase este quadrante para essa específica análise, onde se abre o significado de cultura.

É importante esclarecer a diferença entre o sistema social e a cultura, onde o primeiro se refere a padrões empíricos, exteriores e observáveis de uma sociedade, enquanto o segundo item fala mais sobre crenças, valores, atitudes e sentimentos intersubjetivos. Segundo Wilber, a cultura fornece contextos comuns, significados comuns e profundidade compartilhada. Essas duas dimensões, embora separadas aqui, "estão em uma interação e correlação íntimas". Por exemplo, eu posso observar uma tribo indígena e o seu sistema de crenças, mas possivelmente não serei capaz de entender o que um determinado ritual *significa* para eles – o que sentem, creem e veem sobre isso.

Uma coisa incrível de se imaginar é que não existem pensamentos individuais. Tudo que imaginamos é parte de significados compartilhados, sistemas simbólicos coletivizados e memória de referências passadas. Todo pensamento individual é, na realidade, fruto de uma rede coletiva que nos influencia constantemente e que também limita nossas possibilidades – mesmo que tenhamos capacidade permanente de criação. Acredito que esta reflexão seja uma contribuição brilhante de Ken Wilber, então quero citar sua obra literalmente para nos ajudar:

"Pensamentos emergem a partir de uma *base cultural* que dá consistência, significado e contexto aos meus pensamentos individuais, [...] portanto, a comunidade cultural serve como um *fundo intrínseco* para todo pensamento individual. [...] Eu nunca poderia ter desenvolvido nenhum pensamento sem isso".

De acordo com Manuel Castells e Niklas Luhmann, o processo básico de compartilhamento de significado acontece apenas através de "redes de comunicação", nas quais a vida social promove a troca de informações. Luhmann define redes de comunicação como *autopoiesis sociais* onde cada comunicação cria significados, o que quer dizer que ela consiste em uma rede de *feedback loops* ("circuitos de retroalimentação") entre os pares e, portanto, é autorregulada, auto-organizada e autogerada por seus próprios padrões de interação.

Portanto, tudo o que pensamos, acreditamos, criamos e que temos como valores básicos são frutos de interações constantes e intrínsecas com a rede de comunicação que nos cerca: nossa família, amigos, os meios de comunicação (como televisão, jornal, internet etc.), a escola, livros que lemos, vídeos que assistimos, as coisas (formas, cores, cheiros, utilidade) com que interagimos no dia a dia, sinais de trânsito, a vitrine de uma loja, propaganda, o comportamento das pessoas, pessoas influentes, até mesmo nossos antepassados, tradições e muito mais. Por outro lado, o mais interessante é que somente cada indivíduo tem a sua própria e singular complexidade de interações e isso torna as pessoas tão únicas. E se somos influenciados também somos influenciadores e isso permite a capacidade de estarmos também criando constantemente "códigos" culturais.

Em contrapartida, apesar de a cultura estar inserida neste mundo de intersubjetividade, ela se difere de outras características humanas como a *psyche* ou a alma porque é compartilhada em um mundo concreto de ações onde também é materializada: comportamentos, tecnologia, forças de produção, instituições, arte, moda, códigos escritos, linguagem, e assim por diante.

A cultura é cheia de paradoxos e, portanto, se comporta como uma entidade criada pelo homem e ao mesmo tempo algo que cria o próprio homem; vem da liberdade e ao mesmo tempo a restringe; conecta e distingue; é global e local; é abrangente e diversa.

> *"O caráter especial da vida é entendido por meios e significados, valores, propósitos e ideais. [...] Significado é a categoria compreensiva através da qual a vida se torna compreensível."*
> Zygmunt Bauman

De acordo com Zygmunt Bauman, em seu livro *"Ensaios sobre o conceito de cultura"*, a cultura persiste apenas por si só e através de mudanças contínuas, dado que toda comunicação traz novidade e evolução ao processo vivo – criatividade e inovação são extremamente importantes e essenciais para o desenvolvimento cultural. Por esta razão, ele apresenta a ideia de cultura como uma *força dinâmica* em um movimento constante de mudança. Em definição de Lévi-Strauss, cultura pode ser vista como "uma matriz de permutações possíveis", negando a existência de uma estrutura cultural. Neste sentido, cultura seria uma construção social coletiva (um processo complexo e lento) de uma possível rede de elementos, e cada processo é uma evolução de prováveis eventos, sem ordem fixa – de acordo com o Pensamento Complexo, tudo na vida acontece a partir de padrões de probabilidade que se materializam naquele instante, naquela situação. Nesta dança, um vasto número de encaixes pode acontecer em novas ordens contínuas, recriando a cultura em movimento.

Podemos ver a cultura por diferentes ângulos, cada um mudando o que estamos observando, alterando nossa percepção do mesmo fenômeno, como a "Pirâmide de Sierpinski" na figura 4. Ela demonstra como podemos ver culturas dentro de culturas

Figura 4: A pirâmide baseada no triângulo de Sierpinski.
CC BY-SA 3.0, https://commons.wikimedia.org/w/index.php?curid=647064

indefinidamente, com cada parte contendo os mesmos padrões que o todo, e que "o todo (pirâmide) é mais que a soma das partes (triângulos)" – Aristóteles. É uma bela representação dessas conexões complexas.

A cultura é tão dinâmica e fractal[10] que é difícil conceber sua definição. Wojciech Burszta, por exemplo, falando de "culturas em movimento" sugere o abandono da "ideia de cultura". Suas probabilidades de coexistência e aleatoriedade são tão vastas que, para ele, "cultura" não pode existir como um todo e, assim, pela quantidade de especificidades, perderia a noção do que poderíamos chamar de "cultura" como uma coisa só

Por exemplo, é difícil identificarmos a cultura Brasileira "única", pois essa se difere tanto entre suas regiões, em cada cidade, em cada bairro, em cada território, em cada grupo, em cada contexto etc. e, ao mesmo tempo, em que está em constante processo de modificação – mesmo que em passos lentos, pouco perceptíveis.

No entanto, acredito que Burszta e Lévi-Strauss poderiam estar escondendo em seus conceitos alguns padrões (autogerados) de organização que existem. Já que a cultura se desenvolve através da troca de significados e valores, alguma ordem ocorre entre as pessoas para que exista um sentido de comunhão. Caso contrário, não há cultura e muito menos senso de coletividade. Ou seja, para falar a mesma língua, compartilhar valores, cocriar territórios e construir normas sociais, alguma ordem (de padrões

---

10 "Um fractal é um fenômeno natural ou um conjunto matemático que exibe um padrão repetitivo que aparece em todas as escalas. (...) os fractais também podem ser quase iguais em diferentes níveis." Como o triângulo de Sierpinski (http://en.wikipedia.org/wiki/Fractal).

de probabilidade, para que então se configure um sistema complexo), fruto de nossas interações, precisa existir.

Está aí outro paradoxo: cultura é criada pela criatividade e normas ao mesmo tempo, ou seja: depende de ordem e normas para existir, criadas pelos próprios agentes, a partir de regras simbólicas e, algumas vezes, formais, mas, ao mesmo tempo, um certo desalinho é essencial para a criatividade se manifestar, e é assim que a cultura evolui – através de ordem e desordem, padrão e caos, preservação e inovação.

Transição: hoje e amanhã

Por um lado, a ordem cultural precisa de um certo entendimento de inclusão e exclusão; limites do que estão dentro e fora. Assim, existem algumas normas de padrões que definem as características de uma cultura (embora dinâmicas, em movimento e fractais) para então dar forma a ela.

Por outro lado, a ideia de cultura como um sistema (portanto, com fronteiras) está cada vez mais perdendo o sentido nos dias de hoje, já que estamos testemunhando, conforme Bauman nos traz, uma era de "fronteiras porosas", impulsionada pelas novas mídias – acelerando a informação e encurtando distâncias. A ideia de cultura como práticas, acontecendo e sendo gerenciadas em espaços ordenados (localmente), está se dissolvendo. Agora vivemos em um contexto onde "dentro" e "fora" das culturas são vulneráveis, frágeis, onde a distância é minimizada e as conexões entre elementos configuram um "sistema aberto" – ou pelo menos "mais aberto" –, quase global, como Morin sugere.

De acordo com Castells, "há uma característica comum a todos os processos de construção simbólica: eles são largamente dependentes de mensagens e 'moldes' (*frames*) criados, formatados e difundidos em redes de comunicação virtuais ou multimídias".

E ele continua: "Embora cada mente humana, individual, construa seu próprio significado ao interpretar os materiais de comunicação em seus próprios termos, esse processo mental é condicionado pelo ambiente em que se dá a comunicação". Assim, quando esse ambiente da comunicação muda, a maneira como os padrões de significados – os relacionamentos – são construídos também se transformam.

Quando começamos a desenvolver sistemas de "*autocomunicação em massa*", como a internet, celulares e *wi-fi*, nossa cultura entrou em outro caminho, impulsionando interações com uma intensidade nunca vista antes. Neste sentido, *massa* significa mensagens de muitos para muitos com uma multiplicidade de receptores e conexões de inúmeras redes. E *auto* é a ideia de decisões autônomas do emissor, sendo autodirecionado e autoseletivo. Por exemplo, eu tomo a decisão da escolha da mensagem enviada que pode ter um direcionamento específico, escolhido por mim, como também pode se auto-organizar e ganhar múltiplos caminhos ao mesmo tempo em que tenho a capacidade de selecionar a informação.

Castells acredita que a "cultura da autonomia"[11] é "a matriz cultural fundamental das sociedades contemporâneas", e este empoderamento na realidade "aparece conectado próximo

---

11 Segundo Castells, autonomia "refere-se à capacidade de um ator social se tornar sujeito, definindo suas ações em torno de projetos construídos independentemente das instituições da sociedade, segundo valores e interesses do ator social".

à prática de conexão frequente em rede, que é característica da internet". Estas novas formas de mídia trariam uma maior capacidade de acesso às redes de comunicação e, com isto, acesso aos principais recursos de criação e significado. Se isso é verdade, a internet pode ser uma membrana essencial para, não intencionalmente, estimular a criação do novo contrato social pela sua própria metamorfose.

No entanto, enquanto a internet e outros veículos para comunicação em alta velocidade facilitam e catalisam a sociedade em rede (com mais autonomia, liberdade, acesso etc.), elas dissolvem a "intimidade local" – a ordem próxima – das comunidades. A informação é tão rápida, barata e acessível que os laços locais estão se tornando mais fracos, assim como a capacidade de reter informação pela quantidade efêmera de informação.

Por outro lado, Bauman afirma que, na realidade, autonomia é correlata à vulnerabilidade e à fragilidade, e demanda uma formação menos sólida. O reconhecimento das minhas fragilidades me possibilita entender as minhas normas necessárias, o poder de "autogerência" da minha vulnerabilidade. Ou seja, autonomia não é sobre ser forte, pelo contrário, é sobre ser aberto.

Yochai Benkler, por sua vez, fala que autonomia é, "no mínimo, [...] indivíduos menos suscetíveis à manipulação por uma classe de pessoas legalmente definida: os donos da infraestrutura de comunicação e mídia".

Em resumo, enxergo a cultura como o tecelão do tecido social, existindo através da cocriação por múltiplos atores de significados, valores, crenças, visões de mundo, desejos, padrões de comportamento, verdades e normas de conduta.

O Comum(ns)

> *"Esse 'nós' que somos não é o que produzimos em comum, não é o que criamos e organizamos em conjunto, mas é aquilo que nos permite existir."*
>
> Antonio Negri e Judith Revel

A forma mais usual que ouvimos falar sobre "os Comuns" é na publicação de Garret Hardin, "A tragédia dos Comuns" (ou, do título original em inglês, *The Tragedy of the Commons*,[12] de 1968). Seu ensaio é muito conhecido e amplamente usado para retratar que quando múltiplos indivíduos – atuando de forma independente e orientados por interesses próprios – compartilham recursos, inevitavelmente estes recursos são excessivamente explorados e destruídos. A ideia básica é a de que sempre existirá alguém mais ganancioso que vai arruinar a harmonia coletiva dos recursos usados de forma comum.

Hardin, no entanto, se limitou a um único cenário e, portanto, fez algumas suposições controversas. Em primeiro lugar, ele assumiu que pessoas não são capazes de conversar e resolver seus conflitos e/ou confiar umas nas outras. Segundo, ele postulou que pessoas agem somente em interesses próprios racionais e imediatos. Terceiro, ele se referiu apenas ao acesso completamente aberto, em vez de recursos gerenciados em comum. Ele também afirmou que todas as pessoas sempre querem maximi-

---

12 Disponível em: http://cecs.wright.edu/~swang/cs409/Hardin.pdf.

zar seu lucro; no entanto, esse comportamento ganancioso pode, na realidade, ter se iniciado depois da criação da propriedade durante o "cercamento legal",[13] que destruiu o espírito coletivo de compartilhamento de recursos. Por fim, ele ofereceu apenas duas soluções: privatização (a criação da propriedade) ou regulação (pelo Estado e órgãos regulatórios).

De acordo com Antonio Negri, a "propriedade" começou quando um indivíduo se apropriou de algo do comum (por exemplo, um pedaço de terra) e disse "isso é meu", expropriando aquilo de todos os outros. Deste ponto em diante a ideia de propriedade estabeleceu uma luta desleal entre aqueles que detêm e os que não detêm o controle.

> *"A questão da democracia moderna: dado que a propriedade privada gera desigualdade, é como inventar um sistema político onde tudo pertence a todos, entretanto não pertence a ninguém?"*
> Antonio Negri e Judith Revel

Na segunda solução, o Estado toma posse daquilo que pertence a todos e a ninguém, pelo uso de representação política, delegação, força, regulação, legislação e gerência, ou seja, há cria-

---

13 "Na história social e econômica da Inglaterra, o cercamento (estabelecido por volta do século XVI) foi o processo que pôs fim aos direitos tradicionais, como ceifar prados para feno ou deixar pastar animais em terras comuns, anteriormente mantidas no sistema de campo aberto. Uma vez fechados, o uso da terra ficou restrito ao proprietário e deixou de ser terras para uso comum" (fonte: http://en.wikipedia.org/wiki/Enclosure). Este modelo de propriedade privada (por cercamento) perdura até hoje e diminui a autonomia da comunidade, provocando um empobrecimento da população local.

ção de "recursos públicos". Portanto, há uma contradição: estes recursos que "não pertencem a ninguém" passam a pertencer ao Estado.

Além disso, a apropriação privada é normalmente garantida e legitimada pela apropriação pública, e vice-versa.

Elinor Ostrom[14] diz que a visão dualística que coloca "O Mercado" e "O Estado" é um pensamento muito limitado. A melhor ideia, na sua opinião, é permitir a diversidade e fazer com que ela floresça através da autogovernança das pessoas; e, de fato, as pessoas podem tratar de suas próprias questões. No conceito denominado Comuns não há a necessidade do intermediário (público ou privado) para que as pessoas administrem seus recursos e conflitos. Na obra-prima de Elinor Ostrom, *Governing the Commons* (em livre tradução "Governando o Comum"), ela oferece alguns exemplos de como e por que o Comum funciona bem em algumas situações e não em outras. Seu livro é um grande aliado para quem quiser explorar esses exemplos.

Os ComuNS

O conceito Comuns não se refere apenas a recursos: são recursos, a comunidade, as regras e normas particulares daquela comunidade para a administração daqueles recursos. De acordo com David Bollier, "os Comuns é principalmente sobre construir sistemas funcionais para lidar com necessidades do dia a dia fora do Mercado ou do Estado", onde tudo é orientado coletivamente por alguns valores centrais: participação, inclusão, equidade, controle de baixo para cima, inovação baseada na comunidade e

---

14 A primeira mulher economista a receber um Prêmio Nobel.

responsabilidade compartilhada. Neste sistema, o poder plano, descentralizado e distribuído de forma mais horizontal é uma maneira de endereçar questões do grupo de forma direta. Assim, este formato permite menor dependência – ou até nenhuma! – de instituições privadas hierarquizadas, controladas por uma minoria de elite, ou da esperança em um governo benevolente. Desta forma, todos têm controle e ninguém o tem ao mesmo tempo; todas as decisões são feitas pelo grupo, praticadas e resolvidas pelo grupo.

Tradicionalmente, os Comuns é um termo para se referir a recursos *compartilhados* e *governados* por um grupo de pessoas – seja um grupo pequeno, de base comunitária ou no nível global, com fronteiras bem definidas, com fronteiras pouco claras ou com fronteiras não-definidas – sujeito a dilemas sociais particulares, que o próprio grupo precisa cuidar em conjunto, e não através de um poder central. De acordo com Rifkin, este conjunto de recursos administrados democraticamente e usados coletivamente demandam inevitavelmente que decisões, sanções, punições, normas e protocolos evoluam para se tornarem códigos de governança.

Para Ostrom, o Comum auto-organizado necessita de ações coletivas fortes – esforços voluntários de dois ou mais indivíduos com o mesmo objetivo – combinadas com mecanismos de *autogovernança* – arranjos consistentes, mútuos e abertos –, assim como um alto grau de capital social[15] pelas partes interessadas.

---

15 O capital social se refere ao valor agregado das redes sociais (ou seja, quem você conhece) e as tendências que surgem dessas redes para as pessoas fazerem as coisas umas pelas outras (ou seja, normas de reciprocidade).

No início, os Comuns eram entendidos como um conjunto de recursos físicos – como, por exemplo, terra, água, atmosfera, floresta, ruas, praças, ferramentas etc. –, mas cada vez mais coisas intangíveis vão sendo adicionadas a ele, como conhecimento, linguagem, dinheiro, informação, assistência a crianças e idosos etc.

Também podemos vê-lo através da lente de Ivan Illich e defini-lo como o espaço mais sensível e sensitivo, onde pessoas criam e negociam seu próprio senso das coisas, "governados" de uma maneira mais informal – como Illich gosta de dizer, o "domínio vernacular".

Commoning[16]

> *"Uso a palavra commoning porque quero um verbo para o Commons."*
>
> Peter Linebaugh,
> o primeiro a descrever *commoning*

Entendo *commoning* como a prática cotidiana de gerenciar um bem comum. Isso significa que nós todos, cidadãos, cuidamos uns dos outros e tentamos entender juntos que a propriedade não é uma coisa individual. Na verdade, trata-se de encenar uma história diferente, com responsabilidades compartilhadas reais por tudo – ou parte – que temos em comum, desprendendo do comando governamental ou do setor privado, em aspectos diversos da nossa vida.

---

16 *Commoning* poderia ser brutalmente traduzido como, por exemplo, "comunando" - a ação de se estar fazendo *commons*, mas não me parece sonoramente e conceitualmente condizente. Por isso, nesse caso, vamos manter em inglês.

O conceito de *commoning* também traz à tona as ideias contidas no *Enlivenment*, por exemplo, quando Weber fala sobre liberdade individual e autonomia, sendo completamente correlacionada com a liberdade e autonomia da comunidade, que exploramos nos capítulos anteriores.

> *"Organizar uma comunidade entre agentes humanos e não humanos, de acordo com o princípio do Comuns, significa aumentar a liberdade individual, ampliando a liberdade da comunidade. Ambos se expandem juntos e mutuamente, um pelo outro."*
>
> Andreas Weber

Na verdade, Andreas Weber está se referindo a economia baseada nos Comuns como a economia do *Enlivenment* (ou "economia avivada"). Ele compara os Comuns com os sistemas de *natural commoning* (padrões ecológicos de "governança" da Natureza), que em sua opinião performam os mesmos elementos, tais como:

– *interbeing* (ou "interser");

– produção de recursos materiais ligados a um propósito e significado comunitário;

– reciprocidade constante;

– zero resíduos (recursos são trocados/comercializados como um presente para a produção de outro recurso, num ciclo circular de produção sem perdas e desperdício, onde tudo é reaproveitado no próprio sistema);

– poder e oportunidades descentralizados (por exemplo não há um controle dos meios de produção por nenhuma parte);

– sem propriedade (sem privatização de nada, sem um "dono", o que significa pertencer a todos que participam e não impedir os direitos e a privacidade individual).

Weber desencadeia a ideia de um entendimento relacional diferente entre nós, baseado em respeito mútuo e um entrelaçamento mais íntimo com a vida – isso inclui as pessoas, o meio ambiente. "Ao contrário da economia de mercado, os Comuns não são apenas produzir e distribuir recursos, mas construir relacionamentos significativos para um lugar, para a Terra e para o outro". O Comuns, portanto, não é apenas um nome para um regime econômico ou ecológico, mas também uma maneira política de reorganizar as relações com todas as dimensões da vida.

O Comum(_)

Embora Antonio Negri envoque positivamente o conceito dos Comuns, ele acredita que precisamos de uma revisão desse paradigma. Assim, ele usa o *Common* – sem o "S", o Comum – porque "Os *Commons*" refere-se a espaços pré-capitalistas compartilhados que foram perdidos com o advento da propriedade privada. Portanto, o Comum não é sobre um retorno ao passado, mas sobre um novo desenvolvimento. É um processo. "Somos esse Comum: fazer, produzir, participar, mover, compartilhar, circular, enriquecer, inventar, recomeçar".

Para ele, a gestão do Comum "não consiste mais em definir uma forma de contrato que faz com que tudo, pertencente a todos, não pertença a ninguém. Não: tudo, sendo produzido por todos, pertence a todos". Por produção entende-se uma produção social mais ampla – não apenas econômica – que envolve a produção de bens materiais e de comunicações, relacionamentos e formas de vida – ou a produção de significados e subjetividade, ou seja, a produção de cultura.

É sobre isso o Comum contemporâneo, de Negri e Hardt: o encontro de singularidades em todos os tipos de redes, produzindo novas formas de participação política[17] comum e democratizante.

O Comum, de uma maneira mais ampla, não pertence a ninguém, já que não o criamos. O Comum é a nossa terra, os nossos valores, é o que temos sob nossos pés: nossa natureza, nossa identidade. O Comum realmente não nos pertence: ser é não ter.

Nesse contexto, Hardt e Negri desenvolvem um conceito dialético de revolução reformista para manifestar a autonomia da "multidão"[18] e criar uma sociedade em uma base comum, nos seguintes termos:

– Infraestrutura física: água potável, fatores básicos da vida, condições sanitárias, eletricidade, acesso a alimentos baratos e outras necessidades básicas à vida;

– Infraestrutura social e intelectual: ferramentas linguísticas, ferramentas afetivas para construir relacionamentos, ferramentas para pensar;

---

17 Compreender aqui a política (com "p" minúsculo) que significa a política cotidiana de relacionamentos, vozes e ações. Política (com "p" maiúsculo) é a política designada para o Estado.

18 A "multidão" é um conceito-chave no trabalho de Negri, pelo qual ele entende a expressão do poderoso movimento de múltiplas singularidades em direção à construção do Comum. É composto de variadas e inumeráveis diferenças internas, que nunca podem ser reduzidas a uma unidade ou a uma única identidade; diferentes culturas, raças, etnias, gêneros e orientações sexuais; diferentes formas de trabalho; de modos de vida; visões diferentes do mundo; e desejos diferentes. E, na multidão, as diferenças sociais permanecem diferentes.

– Camada física: incluindo o acesso a redes de comunicação com e sem fio, como a internet;

– Camada lógica aberta: por exemplo, códigos abertos e protocolos;

– Camada de conteúdo aberta: como trabalhos culturais, intelectuais e científicos;

– Pesquisa científica aberta;

– Fundos para atender aos requisitos tecnológicos de pesquisa avançada: não localizados em organizações com fins lucrativos;

– Infraestrutura imaterial: liberdade de movimento, liberdade de migração, liberdade de permanecer em um só lugar, liberdade de espaço;

– Rendimento mínimo garantido, em escala nacional ou global, pago a todos, independentemente do trabalho;

– Mínimo básico de vida;

– Autonomia, liberdade e controle sobre seu próprio tempo;

– Poder de construir relações sociais e criar instituições sociais autônomas;

– Democracia participativa em todos os níveis de governo para permitir que a multidão aprenda a cooperação social;

– Auto-organização.

Como Negri e Hardt, Jeremy Rifkin também destaca a importância da internet para alavancar a produção lateral entre pares próximos, o acesso universal e a inclusão social. Segundo ele, a Internet "trouxe o Comum para fora das sombras" e "é a alma gêmea tecnológica de um Comum Colaborativo Emergente".

[momento de reflexão]

Mas, tudo isso (o Comum(ns)), eu diria, precisa vir de uma percepção coletiva profunda do que temos em comum e, se ainda estamos usando nossas novas lentes do capítulo anterior (aquela que eu propus a você e você criou da sua forma), podemos ver o quão longe essa possibilidade pode chegar.

Vamos adicionar o Comum, como você desejar, em nosso bolso e continuar nossa jornada...

De agora em diante vou manter a diferenciação entre os "Comuns" e o "Comum", mas eu acredito que vou ressonar mais com o "comum"

Então, o que é a Economia Colaborativa?

"Eu costumo voltar para a primeira anotação que eu coloquei na minha parede alguns anos atrás, quando estava tentando entender o significado principal desta nova economia. Havia apenas uma palavra nela: humanidade."

Rachel Botsman

De fato, a internet está impulsionando uma nova forma de interação e tornando acessível uma imensa quantidade de "múltiplos tudo". Ela e outras tecnologias (por exemplo, redes sem fio e smartphones) estão habilitando comunicação vasta e direta em tantas formas e direções que estão mudando a maneira como nos relacionamos uns com os outros e, assim, a forma como fazemos a economia.

Jeremy Rifkin é um dos maiores líderes do que ele mesmo chamou de um pensamento da Terceira Revolução Industrial e a Internet das Coisas (IoT na sigla em inglês, referente a *Internet of Things*), baseado na internet e em uma rede renovável de "internet de energia" – produção local e distribuída de energia conectada por uma rede inteligente (*smart grid*).

Neste sentido, ele acredita que a internet é a maior inovação de nossos tempos, aumentando a eficiência das trocas (desde informações até a energia), diminuindo o impacto ecológico na produção (por exemplo, a redução na necessidade de produção de algumas coisas, como livros físicos de papel), possibilitando gerenciamento altamente inteligente (através de múltiplas conexões em programações de computador) e, também, colaboração. De acordo com Rifkin, com essa capacidade de "hiperconexão" – pela internet e, num futuro próximo, alimentada por múltiplos sensores, *softwares* inteligentes e *Big Data*[19] – nós vamos chegar muito próximos do "custo marginal zero" em toda a economia. Alguns exemplos simples: alugar um quarto que está sobrando em casa me traz um custo quase zero; produzir energia renovável no meu telhado praticamente não aumentará meus custos. Mas podemos chegar a coisas mais complexas, como produzir você mesmo o que precisa através de softwares bastante amigáveis na nuvem acessando uma impressora 3D próxima de você e que te entrega em casa, por exemplo, uma cadeira nova. Ou, também aumentar muito a eficiência doméstica como *wearables* e

---

19 O Big Data é um banco de dados gigante na nuvem para compartilhamento de informações que alimentam instantaneamente esse "sistema de inteligência" em armazenamento e disponibilização de informação. É analisado com técnicas avançadas, implementando algoritmos preditivos, programados dentro de sistemas automatizados, que irão melhorar a eficiência termodinâmica: aumentando a produtividade, reduzindo o custo marginal de produção e disponibilizando uma gama completa de bens e serviços.

Inteligência Artificial – por exemplo, sua geladeira pode estar conectada a sua dieta estipulada na internet, logo, ela organiza suas receitas, mapeia o que você tem de insumos através de sensores inteligentes e conecta através de Big Data com o supermercado via internet para mandar entregar o que falta e, possivelmente, será um robô quem vai preparar a sua comida exatamente na hora que você chegar em casa.

No entanto, agora estamos imersos em um processo de transição, do qual a Economia Colaborativa é uma das apostas mais promissoras. Na minha opinião – e é desta forma que estou aplicando neste trabalho –, a Economia Colaborativa é um "guarda-chuva" para diversos termos da mesma família, como Economia Compartilhada,[20] Consumo Colaborativo[21] e Economia de Pares[22] (ou *peer economy*).

De acordo com Rachel Botsman, a Economia Colaborativa é: "Uma economia construída em cima de redes distribuídas de indivíduos e comunidades conectadas em oposição a instituições centralizadas, transformando a maneira como produzimos, consumimos, financiamos e aprendemos". Para mim, todos os conceitos mencionados acima são parte desse sistema econômico.

---

20 "Um modelo econômico baseado no compartilhamento de ativos subutilizados de espaços, habilidades, até materiais com benefícios monetários ou não. Atualmente, é amplamente discutido em relação aos mercados P2P, mas as mesmas oportunidades se encontram nos modelos B2C." – Rachel Botsman

21 "Um modelo econômico baseado em compartilhamento, troca, comercialização ou aluguel de produtos e serviços, permitindo o acesso sobre a propriedade, está reinventando não apenas o que consumimos, mas como consumimos." – Rachel Botsman

22 "Mercados P2P (de pessoa para pessoa) facilitam o compartilhamento e o comércio direto de ativos construídos com base na confiança de seus pares." – Rachel Botsman

A Economia Colaborativa é uma maneira factível de mudar o papel que ocupamos na nossa economia e sociedade: de consumidores passivos para criadores, colaboradores, financiadores, produtores e fornecedores. Ela está envolvida em diversas dimensões das nossas vidas e explodiu ao redor do mundo todo. Veja a figura 5, a "Colmeia": um retrato do alcance da Economia Colaborativa em diferentes áreas, organizada pela Crowd Companies. Na maior parte, projetos da Economia Colaborativa utilizam a internet e aplicativos digitais para catalisar o acesso das pessoas ao compartilhamento do projeto, produção e distribuição de produtos, bens e serviços, necessidades financeiras e educação.

Então podemos demonstrá-la com exemplos: se você precisa de um espaço para trabalhar, você pode checar o *Share Desk* para encontrar quem tem um lugar disponível para compartilhar; se você precisa de um lugar para ficar quando viaja, você pode encontrar um sofá – às vezes uma cama ou um quarto – de graça no *CouchSurfing*, ou pagar para ficar na casa de alguém no AirBnb; você também pode encontrar produtos que você precisa e outras pessoas estão dando de graça no *Freecycle*, e no Brasil pegar emprestado com seu vizinho pelo Tem Açúcar?; ou, talvez, você possa ter acesso a financiamento coletivo no *Kickstarter*; entre outros milhares de exemplos.

A Economia Colaborativa é apoiada por alguns princípios básicos, mas certamente não formalizados – descentralização econômica; interação social; propriedade distribuída; "mais acesso, menos propriedade"; ressignificação do sentido do trabalho; sistemas de rede ponto a ponto; confiança; interdependência e transparência – e alguns valores subentendidos – colaboração,

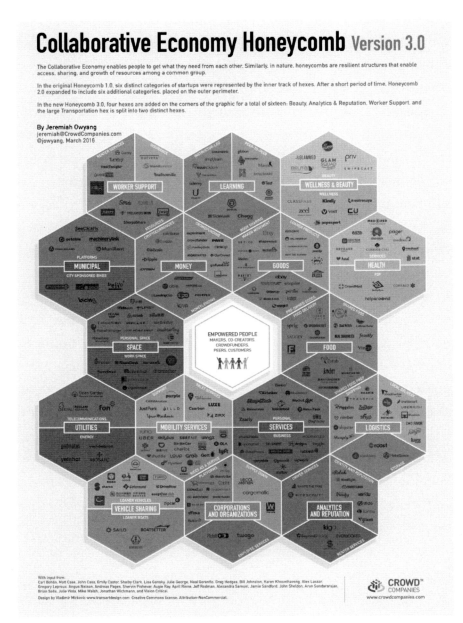

Figura 5: Colmeia da Economia Colaborativa e seu alcance em diversas áreas. Desenvolvida por Jeremiah Owyang.
Fonte: https://www.flickr.com/photos/jeremiah_owyang/14116408232/
A propósito, flickr.com é um grande *website* de hospedagem de imagens onde seus 87 milhões de usuários compartilham todos os tipos de imagem de graça.

empoderamento de pessoas, abertura, acessibilidade, espírito coletivo, sustentabilidade e aspirações humanitárias.

Sendo um modelo aberto, autodeterminado, auto-organizado e autogerado, estes valores e princípios podem ser aplicados em todos os níveis. Também encontrei uma extensa variedade de intenções motivando pessoas e organizações que estão participando nessa Economia Colaborativa.

Ela nasceu dentro do ambiente do empreendedorismo (e do mercado empresarial) e é caracterizada por iniciativas altamente inovadoras e criativas. Este fenômeno está acontecendo claramente através de abordagem *bottom-up* (de baixo para cima), com um espírito popular e sem aspirações políticas ou ideológicas, apesar de estar entrando na arena política, como por exemplo o Partido Pirata[23] e o programa *"Seoul Sharing City"*.[24]

Seul é um grande exemplo de como a Economia Colaborativa está atingindo o nível político. O prefeito Won-Soon Park, um político independente, que atuou por 30 anos como ativista dos direitos humanos, se comprometeu em 2014 com a implementação de uma economia compartilhada e, assim, facilitando milhares de projetos e sistemas regulatórios, com o objetivo de se tornar uma Cidade Compartilhada de 10 milhões de pessoas.

Considerando que está emergindo de um espírito empreendedor, a ideia de lucro está envolvida. Eu diria, em primeira

---

23 O Partido Pirata, criado originalmente na Suécia em 2006, apoia os direitos civis, a democracia direta, a participação no governo, a reforma dos direitos autorais e patentes, o compartilhamento livre de conhecimento (conteúdo aberto), a privacidade da informação, a transparência, a liberdade de informação e a neutralidade da rede.

24 Consulte este artigo para mais informações: http://www.resilience. org/stories/2014-06-11/a-new-wave-of-economic-innovation-in-seoul

impressão, que na Economia Colaborativa, em geral, não existe a mesma ganância por dinheiro como em "negócios tradicionais", mas nem sempre isso é verdade. Organizações que operam na Economia Colaborativa demonstram um amplo espectro de intenções: desde empresas com fins lucrativos até sem fins lucrativos, do "lucro básico"[25] ao "pró benefício",[26] e até mesmo sem transações monetárias envolvidas (aluguel, compra, serviços pagos etc.), além de variar desde intenções claras de "construção de valores comunitários" até benefício individual.

A ideia de uma Economia Colaborativa é ainda muito nova, mas tem um passado. Por exemplo, na década de 1950, um tipo diferente de serviço nasceu da ideia de "compartilhamento" de um ativo, reduzindo a necessidade da propriedade, como por exemplo a *Laundrette* (lavanderia comunitária). Nestes espaços, pessoas podem usar máquinas de lavar e secar roupas por si próprias, pagando um preço relativamente baixo, sem a necessidade de possuir uma máquina de lavar. Mas o espírito da Economia Colaborativa foi realmente alavancado com inovações tecnológicas como o Linux (1991), eBay (1995), Napster (1999) e Wikipedia (2001). O Linux foi o primeiro sistema operacional desenvolvido de forma livre e aberta;[27] o eBay é uma multinacional que per-

---

25 No meu olhar, isso acontece quando uma organização ganha lucro, mas não em acumulação e "ganância". Está orientada para as necessidades básicas de sua própria organização.

26 Organizações que sustentam e apoiam ações, mas não executam a ação real e são orientadas pelos benefícios sociais. Exemplo: Wikipedia.

27 "Isso significa que qualquer pessoa tem permissão para usar, copiar, estudar e alterar o *software* de qualquer maneira, e o código-fonte é compartilhado abertamente para que as pessoas sejam incentivadas a melhorar voluntariamente o design do *software*. Isto está em contraste com o *software* proprietário, onde ele está sob direitos autorais restritivos e o código-fonte

mite vendas C2C (de consumidor para consumidor) através da internet; o Napster foi o primeiro sistema de compartilhamento de arquivos (músicas) P2P on-line; e a Wikipedia é uma enciclopédia baseada em contribuições abertas de conteúdo, que até 2013 já contava com 470 milhões de visitantes por mês, 76 mil colaboradores trabalhando em mais de 31 milhões de artigos em 285 línguas.

De fato, a Economia Colaborativa foi estimulada por alguns fatores como:

– Inovação tecnológica: por exemplo, a terceira revolução de Rifkin;

– Transição cultural: partindo de uma sociedade em rede e repensando como abordamos nossas necessidades (produção, posse, consumo, o "novo", trabalho etc.);

– Realidades econômicas: crises econômicas (principalmente a crise de 2008), desemprego, limitações do PIB como medida da economia, um nível caótico de desigualdade[28] etc.;

– Preocupações ambientais: como Kate Raworth e Rockström demonstram, estamos exagerando no "consumo de nosso planeta" e já estamos transgredindo alguns "limites planetários";

– Crise de representatividade: cada vez mais pessoas sentem falta de pertencimento ao seu ambiente de trabalho e ao ambiente econômico e pouco representados pelos líderes políticos e seus valores – buscam autonomia pelo coletivo.

é geralmente escondido dos usuários" (fonte: http://en.wikipedia.org/wiki/Free_and_open_source_software).

28 Por exemplo: as 85 pessoas mais ricas do mundo possuem a mesma quantidade de riqueza que 50% da população mundial mais pobre (equivalente a 3,5 bilhões de pessoas) e os 1% mais ricos do planeta têm 65 vezes a riqueza dos 50% mais pobres (WEARDEN, 2014).

– "Crise de propósito": essa geração está procurando valores que deem sentido para elas pelo processo de identificação com as redes.

> *"O mito do crescimento falhou. Falhou com 1 bilhão de pessoas que ainda tentam sobreviver com a metade do valor de um copo de café por dia. Falhou com os sistemas ecológicos frágeis dos quais a nossa sobrevivência depende. Falhou, espetacularmente, nos seus próprios termos, em fornecer estabilidade econômica e em assegurar os meios de subsistência."*
>
> Tim Jackson

Neste sentido, Rifkin afirma que estamos vivendo uma transição, passando da troca de valores para uma geração de valores compartilhados. Gosto da ideia de que compartilhar não é o mesmo que, simplesmente, acessar; em vez disso, como propõe Philippe Aigrain,[29] é desempenhar ou disponibilizar algo para outro. Isto muda a perspectiva do ponto de vista de "consumir" para ofertar um "presente" ou "colaborar" com outra pessoa ou grupo.

De acordo com Rachel Botsman, a Economia Colaborativa está redefinindo, através da tecnologia e das comunidades, as

---

29 A propósito, o livro de Philippe Aigrain foi publicado em versão impressa e on-line através da biblioteca on-line do OAPEN (www.oapen. org). O OAPEN (Open Access Publishing em European Networks) é uma iniciativa colaborativa para desenvolver e implementar um modelo de publicação sustentável de Acesso Aberto para livros acadêmicos em Ciências Humanas e Sociais. A Biblioteca OAPEN visa melhorar a visibilidade e usabilidade de pesquisas acadêmicas de alta qualidade, agregando publicações de Acesso Aberto revisadas por pares de toda a Europa.

ideias de compartilhamento, troca, empréstimo, aluguel, presente e permuta. Ela admite, inicialmente, três modelos de transação: De empresa-para-consumidor (B2C), de pessoa-para-pessoa (P2P) e de empresa-para-empresa (B2B); e mais três sistemas distintos:[30]

Mercados de redistribuição: redes sociais que permitem a livre troca de bens obsoletos através de uma redistribuição para alguém que precise (troca, permuta, empréstimo etc.) Esse sistema tem o potencial de desafiar as relações tradicionais entre produtor, distribuidor e consumidor e abalar as doutrinas de "compre mais" e "compre novo". Por exemplo: Freecycle, eBay, Tem Açúcar? etc.

Estilos de vida colaborativos: compartilhamento e troca de ativos menos tangíveis, como tempo, espaço, habilidades, conhecimento e dinheiro. Por exemplo: Airbnb, Zopa,[31] Couchsurfing, TaskRabbit[32] etc. Mesmo ajudando a cortar o intermediário "institucionalizado" (empresas, bancos etc.) e oferecendo alternativas, ainda requer um alto grau de confiança.

Sistema de produtos e serviços compartilhados: permite o acesso a vários produtos e serviços sem a necessidade de posse. Esses bens e serviços podem ser empresas (carros compartilhados, lavanderias, Barclay's Bike London, BikeRio etc.), podem pertencer a pessoas que compartilham ou alugam para outras

---

30 Rachel se se refere, principalmente, ao Consumo Colaborativo, mas acho que é aplicável à Economia Colaborativa também.

31 O Zopa é o principal serviço de empréstimo de dinheiro P2P do Reino Unido.

32 TaskRabbit é um *website* e um aplicativo para dispositivos móveis que permite aos usuários terceirizar pequenos trabalhos e tarefas para outras pessoas em sua comunidade.

pessoas (TheHireHub[33]), ou serem compartilhados para estender o ciclo de vida de um produto (Interface Carpet,[34] Patagonia[35]). Este sistema traz a clara possibilidade de reduzir os resíduos e o uso de recursos naturais, além de ajudar a atenuar algumas cargas intrínsecas de posse (como manutenção, reparo, taxas, seguros, entre outros).

Todos têm a capacidade de trazer de volta, para o fluxo econômico, produtos e espaços inativos, permitindo menos despejo de produtos no mercado e mais ressignificação.

Neste sentido, a colaboração tem um enorme potencial para reunir pessoas e reforçar (co)produção e consumo local, compartilhado de diferentes maneiras, que podem trazer benefícios como: redução de impactos socioambientais; mais oportunidades de acesso a bens, serviços, fatores de produção e renda, reduzindo concentração; aumento da vitalidade comunitária; e elevação da "liberdade" de sistemas tradicionais; entre outros.

A Economia Colaborativa pode ser um agente para mudança nos paradigmas de poder, de grandes instituições centraliza-

---

33 O Hire Hub é um mercado comunitário em Londres para a contratação de quase tudo entre os membros. Em vez de ter que comprar o que você precisa, agora você pode alugá-lo de um colega.

34 Esta empresa aluga tapetes e ele são produzidos com fibras 100% recicladas a partir de outros produtos que fabricam, em um exemplo de economia circular.

35 A Patagonia é uma empresa líder em roupas para esportes ao ar livre, certificada como B-Corp. Além disso, o programa Reciclagem de Fios Comuns permite aos clientes trazer de volta qualquer roupa da Patagonia para reciclar e ser transformado em um novo produto da Patagonia. Eles também incentivam em seu site, através de parceria com a eBay, Yerdle e outros, a troca e compartilhamento de produtos da Patagonia entre clientes (P2P), e anunciam como consumir menos (http://wornwear.patagonia.com/).

das para redes de distribuição de indivíduos e comunidades. Essa é uma grande janela para reestruturar o papel que podemos desempenhar em nossa sociedade e romper com o *status quo* atual.

Se antes estávamos destinados a ser uma massa de trabalhadores e consumidores, escolhendo somente entre as ofertas do setor industrial, agora esse padrão pode ser diluído em redes de colaboração. Agora podemos nos perguntar, por exemplo, se *precisamos* de um emprego, enquanto, de fato, o que *precisamos* é satisfazer nossas necessidades e prosperar na vida. Se o dinheiro antes era praticamente a única forma de atingir nossos objetivos, agora novas oportunidades estão emergindo. Se antes os bancos e o governo eram controladores do dinheiro, agora eles compartilham essa responsabilidade com outras inovações (como financiamento *peer-to-peer* (P2P), empréstimos compartilhados e, até mesmo, as moedas alternativas locais e criptografadas). Definitivamente, precisamos produzir para dar sentido à vida, mas não necessariamente com o objetivo de ganhar dinheiro puro e simplesmente como tom de sobrevivência e ganância. Esses são pensamentos preciosos que visitaremos de novo mais adiante.

Essa mudança nas estruturas de poder, de acordo com Yochai Benkler,[36] está chegando através de uma ruptura na maneira como produzimos e trocamos conhecimento e informação, que não é baseada em nenhum poder formal, ou gerenciamento de hierarquias, ou estratégia de mercados formais.

---

36 Em seu maravilhoso livro *The wealth of networks* (em tradução livre "A riqueza das redes") e em seu TED Talk "A nova economia de código aberto", acessível em http://www.ted.com/talks/yochai_benkler_on_the_new_open_source_economics#t-22813. Aliás, o formato TEDx de realização e disponibilização de conferências é ferramenta fabulosa para o compartilhamento de conhecimento.

Ele cunhou o termo *"Commons-based peer production"* (em tradução livre para o português, "produção entre pares de base comum") ao se referir à produção descentralizada, usando redes sociais e motivação pessoal (auto-orientada e autorregulada) para o benefício do Comum (entendendo aqui a definição de Negri para Comum).

Neste tipo de sistema não há preço ou comando para motivar e coordenar a participação. Ele dá exemplos como a Wikipedia, o Linux, e o NASA Clickworker Project[37] para mostrar que as pessoas são motivadas por outros significados e propósitos para contribuir com algo maior que seu benefício individual e, com esse enorme número de pessoas conectadas, torna-se mais fácil produzir com menor custo, menos peso e mais eficiência.

> *"No consumo colaborativo do século XXI, seremos definidos pela nossa reputação, pela comunidade, pelo que acessamos e como compartilhamos e abrimos mão das coisas."*
>
> Rachel Botsman

Tomás de Lara, em sua palestra no Ouishare Fest 2014, se refere à passagem de uma "economia egocêntrica" para uma "economia do cuidar" e de um sistema de posse para um sistema baseado na confiança. O objetivo para a Economia Colaborativa seria, desta forma, realmente tomar conta de todos nós e do pla-

---

37 Foi o projeto da NASA que convidou pessoas comuns para marcar as caixas de Marte nas imagens de satélite. Milhares de voluntários se juntaram ao projeto pela *web* por pelo menos alguns minutos e produziram mais informações do que centenas de cientistas.

neta em unicidade, permitindo que estabeleçamos laços de confiança entre estranhos. Rachel Botsman, por sua vez, acredita que essa mudança virá da transparência, descentralização e sistemas baseados na reputação de plataformas P2P. Reputação, neste sentido, já vista como capital – citada por Botsman como "Capital Reputacional", ou mesmo como moeda. Essa ideia é baseada na recompensa social que recebemos quando "somos bons" para com outros, temos um comportamento "apropriado", alcançamos uma "boa" performance, somos reconhecidos pelo nosso caráter, e assim em diante (qualquer que seja o significado de "bom" aqui). E quando não fazemos nada disso, obtemos uma reputação negativa. Assim, se tenho uma boa reputação nas redes sociais e nas transações pessoais registradas na web através de *likes*, estrelinhas e em pontuações, pessoas confiarão mais em mim e eu terei mais "crédito".

Isso, por exemplo, pode vir de uma boa análise ou de comentários positivos nas plataformas P2P on-line. Por exemplo, uma vez que fiz ou usei algo, minha performance é imediatamente avaliada e então minha "avaliação" se tornará acessível a qualquer um naquela comunidade particular. Desta maneira, *reputação* pode se tornar uma espécie de riqueza não-monetária ancorada em comportamentos pessoais anteriores, e autoavaliada pela comunidade (sem a necessidade de um regulador central). Esses diferentes sistemas de reputação podem ser interconectados e oferecerem uma polinização cruzada de informações entre plataformas.

Na teoria, a Economia Colaborativa está desalojando os intermediários em vários sentidos, como o mercado e o governo, relacionando as necessidades das pessoas e a disponibilidade de recursos com auto-organização. De acordo com Rifkin, estamos nos aproximando da possibilidade de nos tornarmos *"prossumi-dores"* – quando consumidores participam do processo de produção. Por exemplo, diversos programadores podem participar no desenvolvimento de *software* aberto para o uso comum e, para isto, promovem *hackatons*.

Geralmente, nos "mercados de redistribuição", uma cultura de *reciprocidade indireta* emerge quando você provê bens e serviços sem nenhum acordo explícito em relação a recompensas, tanto imediatas quanto futuras – praticando a *Gift Economy* (economia da dádiva, por exemplo, Freecycle e Skill-sharing), trabalhando em uma dinâmica de "eu ajudo você, o outro me ajuda". Esses sistemas descentralizados são predominantemente auto-organizados pelas partes interessadas e necessitam de uma infraestrutura mínima; em vários casos, apenas um *website* simples com comandos básicos e um pequeno time administrando.

Na minha opinião, Michel Bauwens é o principal pensador de uma Economia Colaborativa em direção ao Comum, juntamente com Yochai Benkler e Jeremy Rifkin. Sua teoria é amplamente baseada em uma "Economia Cívica P2P" (do inglês *P2P Civic Economy*), fundamentada no "conhecimento aberto" (*open knowledge)* e no Comum.

Conhecimento aberto combina "comunidades de participação aberta" e "coalizões empreendedoras éticas", capazes de criar meios de subsistência para os participantes – empresas que criam valor no/para/a partir do Comum, sem fechá-lo ou destruí-lo – e associações "pró-benefício", que possibilitam e empoderam a infraestrutura da cooperação.

Bauwens é também um pioneiro em parcerias com o Estado, que ele chama de "parceria pública de base comum" (tradução livre do inglês *public-commons-based partnership*) e uma "comunificação" do setor público. Ele está introduzindo, de fato, esses tipos de sistemas em países sul-americanos, como o Equador, no nível de política pública. Na sua opinião, esse tipo de processo necessita uma sociedade governada pelo Comum Aberto – educação aberta, ciência Comum, produção livre de código aberto de maquinários, compartilhamento de sementes e um setor industrial aberto. Um bom exemplo é a provisão de livros escolares: todo ano as famílias têm que comprar novos livros incorporados a um sistema de produção grandemente centralizado. Isso poderia mudar para um sistema de produção aberto que facilitasse pequenas alterações e uma distribuição mais efetiva e barata.

Jeremy Rifkin, por outro lado, cunhou o termo Comum Colaborativo. Ele está, na realidade, combinando a Economia Colaborativa e o Comum para criar um paradigma econômico baseado na "terceira revolução Industrial", na Internet das Coisas e na Sociedade de Custo Marginal Zero.

Está claro que a Economia Colaborativa tem diversos benefícios e um grande potencial de mudar o nosso paradigma cultural, mas também há críticas e diversas áreas cinzentas, que vamos explorar a seguir.

EXPLORANDO AS SOMBRAS

Neste ponto vamos mover nossa Pirâmide de Sierpinski para mudar o ângulo de nossa perspectiva. Em uma escultura 3D real da Pirâmide de Sierpinski é possível encontrar um ângulo onde não é possível ver os "buracos" centrais, usando uma pitada de ilusão de ótica para enxergar a pirâmide como um sólido de base triangular perfeitamente preenchido. No entanto, se você rodar a pirâmide para qualquer lado, começa a perceber os espaços que não via antes. Então, é o que vamos começar a fazer agora.

Vamos escutar as críticas mais comuns à Economia Colaborativa e investigar suas sombras, obstáculos e desafios. Durante minha pesquisa fui encontrando diversos tipos de críticas e apontamentos, que trago aqui abaixo.

Desintegração do trabalho, emprego e regulamentação

Uma crítica muito comum em relação à Economia Colaborativa está relacionada com contribuições para o desemprego e a desregulamentação dos direitos trabalhistas. Em vários casos, alguns projetos estão causando a substituição de empregos regulares e pagos por trabalhos temporários, amadores, com baixa remuneração (muitas vezes não pagos) e frequentemente pessoas menos qualificadas. É o caso, por exemplo, do Lyft – uma empresa de caronas P2P – que está provocando a substituição de tradicionais empresas (ou cooperativas) de táxi ao competir pela mesma "função" – transporte urbano privado.

Primeiramente, os motoristas não são nem qualificados como "trabalhadores". Estas pessoas acabam ficando presas em "áreas legais cinzentas", ou seja, na fronteira entre as esferas "de mercado" e "não-mercado", de iniciativa pessoal e comercial. Por exemplo, uma carona a um amigo não pode ser regulamentada ou medida como atividade econômica. No entanto, se eu começo a cobrar pelo "serviço", pode haver um problema.

Até o momento, não existem regulamentações para a maior parte das atividades da Economia Colaborativa: estão, em sua maioria, às margens do sistema.

O problema é que a desestabilização de barreiras comerciais e regulamentações tradicionais significa que muitas pessoas não são propriamente licenciadas (geralmente amadores), não têm responsabilidade legal, não pagam impostos, não são garantidas pelo Estado (saúde e segurança, por exemplo), não têm seguro, e mesmo assim participam do mercado. Isso traz à tona discussões a respeito da qualidade do serviço, vulnerabilidade (tanto do usuário quanto do consumidor) e competição desigual com outros agentes do mercado (no exemplo acima, os taxistas, que pagam impostos, taxas de licença etc. para fornecer o mesmo serviço). Pessoas estão abrindo suas casas, fornecendo seus carros e emprestando bens com um nível baixíssimo de segurança, e não há garantia fornecida pelas empresas que facilitam essas atividades, como as plataformas Uber e Airbnb. Além disso, estes serviços estão sendo oferecidos por pessoas sem experiência ou treinamento, como motoristas e anfitriões, que não são preparados como taxistas ou hotéis, gerando consequentemente a teoria de que podem oferecer serviços de baixa qualidade. O Airbnb, por exemplo, hoje oferece um número muito maior de quartos que a cadeia Internacional Hilton, em 192 países. Então, competir com esses tipos de plataforma está se tornando cada vez mais complicado e vários hotéis estão demitindo em consequência de suas perdas – desde os grandes até os pequenos.

No entanto, a minha maior preocupação em relação a essa crítica é sobre o fato de pessoas estarem perdendo direitos e benefícios trabalhistas, resultado de longos anos de lutas e conquistas sociais contra a desregulamentação neoliberal do trabalho. Esse tipo de trabalho temporário, ou microempreendedorismo, não oferece nenhum destes benefícios conquistados com muita dificuldade, como, por exemplo: licença-maternidade, férias remuneradas, seguro-saúde, fundos de pensão, saúde e segurança, certificação de qualidade, seguro-desemprego e muitos outros. Neste sentido, existem muitos riscos. Além disso, estes trabalhadores temporários recebem salários mais baixos, pequenas bonificações e trabalham muitas vezes em condições abaixo do ideal.

Outros problemas de regulamentação estão aparecendo em serviços de compartilhamento de apartamentos, como o Airbnb. Essas empresas oferecem a pessoas comuns que aluguem seu apartamento (ou parte dele) em qualquer lugar e em qualquer condição, já que através destas plataformas é acordado que é responsabilidade do usuário lidar com suas próprias questões. A ideia é que a plataforma apenas permita a conexão entre quem quer oferecer espaços para acomodação com quem deseja acomodação. Todo relacionamento, resolução de problemas, negociação, relacionamento com as leis locais etc. fica entre as partes, com pouquíssima intervenção da empresa. Porém, tem aparecido problemas como de regulação de zoneamento e outras normas governamentais de aluguel temporário (quando o proprietário não está presente). Isso significa que seus vizinhos – os quais decidiram viver numa zona completamente residencial – têm o direito de não permitir que você estabeleça transações comerciais no seu apartamento. Na Holanda, por exemplo, não é permitido alugar um apartamento por menos de um mês. E, na Suécia, o morador não é proprietário da residência, mas sim usuário concedido pelo condomínio que atua como uma espécie de cooperativa e então o "aluguel" é exclusivamente para moradia.

Outra consequência potencial para o mercado de compartilhamento de apartamentos é que os proprietários de apartamentos usam seus imóveis para conseguir um alto faturamento com aluguéis temporários (mais lucrativos que contratos de longo prazo) e isso está empurrando para cima os preços imobiliários em várias cidades do mundo.

Portanto, acredito que há uma enorme diferença entre dar carona uma vez ou outra, como parte do seu trajeto habitual e recebendo algum dinheiro para ajudar no combustível etc., e pessoas trabalhando com dedicação exclusiva, utilizando plataformas on-line para obter sua renda.

Estrutura de propriedade, organizações com fins lucrativos e a falta de um modelo

É importante entender que, enquanto essa nova economia emerge, estamos vivendo os dois mundos simultaneamente: um sistema mais colaborativo e o tradicional modelo individualista. Assim, muitas iniciativas são empresas privadas com fins lucrativos. O problema, na minha opinião, não é relacionado ao lucro em si, mas sim o lucro exorbitante de empresas como Airbnb, Uber e TaskRabbit, por explorar a necessidade (e às vezes o desespero) de outras pessoas. Uma empresa como Airbnb é avaliada em US$10 bilhões e isto foi alcançado porque pessoas estão arriscando suas vidas, seus bens e outros direitos, movidos pela escassez de recursos da economia, buscando por dinheiro e pela sobrevivência. Airbnb, por exemplo, cobra 16% de taxas sobre cada transação, e o Uber 20% – variando segundo o país. Além disso, podem aumentar sua comissão sem qualquer regulamentação.

Na maioria das vezes, as pessoas que participam do consumo colaborativo não são benfeitores ingênuos e inclusive se apropriam dos princípios do mercado capitalista e do interesse próprio. Neste sentido, algumas áreas da Economia Colaborativa são claramente guiadas pelo neoliberalismo tradicional e dominante, que, na minha visão, demonstra certa contradição com "a crença no Comum", princípio que Botsman enaltece na página 91 de seu livro "O Que É Meu É Seu: Como o Consumo Colaborativo Vai Mudar o Nosso Mundo".

Às vezes, sinto que existe um perigo em ser seduzido pela falácia da desregulação total dos livres mercados, como se isso fosse trazer mais liberdade. Infelizmente, é possível ver remanescentes desta crença e dos "modelos de negócios tradicionais" na Economia Colaborativa, caindo justamente no *laissez-faire* mais antigo. Nada de disruptivo nesse caso.

Outro fator intrigante, usualmente visto como uma dura crítica à Economia Colaborativa, é a postura "considerada inofensiva e segura". Por exemplo: a política do Airbnb (e outros) de "use o nosso serviço a seu próprio risco", ou seja, muitas destas companhias privadas cobram uma taxa de serviço enquanto colocam que a responsabilidade pelo serviço prestado é compartilhada, única e inteiramente entre quem oferece e quem demanda. Claro, depois que uma anfitriã teve seu apartamento praticamente destruído e alguns de seus bens roubados, alugado a partir de uma plataforma digital, o *website* foi processado e passou a contar com uma garantia e seguro contra danos à propriedade dos usuários. Esse tipo de fato também levanta um alerta sobre quão longe a "desestruturação do intermediário" pode ir dentro da Economia Colaborativa. Essas plataformas não estão facilitando e, de alguma forma, gerenciando transações? Isso não é, de alguma maneira, uma outra forma de intermediário?

Existe uma outra reclamação sobre o fato de algumas companhias estarem usando pessoas para benefício próprio. Por exemplo, alguns *softwares* de código aberto, que foram desenvolvidos por muitas pessoas (na maioria das vezes, voluntários não remunerados), são usados para gerar lucro para as empresas. Por exemplo, uma empresa de serviços informáticos/tecnológicos lança um *software* de código aberto, que então é desenvolvido de graça por muitos para, no entanto, beneficiar um outro *software* (este comercializado pela empresa) que dependia deste desenvolvimento anterior. Ou até mesmo comercializa praticamente na integralidade com pequenos ajustes finais e mudança de marca. Muitas empresas se utilizam da rede colaborativa e se apropriam do discurso como estratégia de redução de custos, benefício próprio e geração de lucro desigual.

Por último, mas não menos importante, outra sombra é relacionada à estrutura de propriedade de algumas empresas da Economia Colaborativa, que muitas vezes têm múltiplos acionistas capitalistas, como grandes fundos de *Venture Capital*. Por exemplo: "A GM Ventures, o braço de investimento da maior montadora de carros dos EUA, estava entre os investidores que colocaram US$13 milhões na RelayRides em 2011. A ZipCar, uma empresa de aluguel de carros por hora que mantém sua própria frota de veículos, investiu US$14 milhões na Wheelz, uma empresa de aluguel P2P, em 2012. A ZipCar foi então comprada pela Avis, uma empresa tradicional de aluguel de carros em janeiro de 2013 por US$491 milhões, dando à Avis uma parte do controle da Wheelz".[38] Por causa da sua atual estrutura de propriedade, muitas destas empresas (como Airbnb, Lyft, Blablacar, Uber e TaskRabbit) podem ser compradas por companhias maiores e mais centralizadas que não necessariamente se preocupam com sustentabilidade, bem social, colaboração, nova economia ou até mesmo o bem-estar das pessoas que utilizam seus serviços.

Valores culturais, desigualdade e mobilidade social

Então, quem está produzindo na Economia Colaborativa? Eu preciso ter ativos (como um apartamento, equipamentos, um carro), habilidades (que as pessoas necessitem) e tempo extra? É apenas para "microempreendedores"? É necessário criar uma plataforma ou *website* para operar? É preciso ter um *smartphone* para participar? Como as pessoas com menos oportunidades – educação formal, habilidades desenvolvidas, renda etc. – podem participar inteiramente?

Essas perguntas me sugerem que a Economia Colaborativa, na realidade, não está sendo aproveitada por todos. Existe ainda muita desigualdade entre os praticantes e não me parece que estas questões estejam sendo abordadas. Muitos críticos alertam que este fenômeno é para "trabalhadores" com "tempo extra", que estão dispostos a trabalhar por salários baixíssimos para fazer tarefas que os ricos (leia-se, empregados de forma rentável) não querem mais se incomodar fazendo. Embora controverso e salvo exceções, críticos assumem que, em sua maioria, estas práticas consistem de pessoas que têm renda disponível "contra-

---

38 The Economist, 2013.

tando" pessoas que não têm. Essas situações levaram Jon Evans a criar o termo "economia de servos" (tradução livre do inglês *servant economy*) parodiando a *sharing economy* – onde a massa de trabalhadores com baixa mobilidade social serve a minoria com poder de compra, em contraste com as aspirações de uma "economia compartilhada".

Há também outro ângulo, sobre pessoas se tornando "minicapitalistas", alugando suas casas, carros ou qualquer coisa de onde elas possam tirar alguma rentabilidade, mostrando certos níveis de desespero. Isso pode estar nos levando a um "novo tipo de consumismo", onde pessoas continuam consumindo apenas pelo hábito de consumir? (Mas agora em colaboração, troca, permuta, usando aplicativos estilosos etc.) Estamos realmente mudando os valores e relações com isso tudo ou esta é apenas uma nova faceta do mesmo comportamento consumista, suplantando mais e mais coisas, com níveis cada vez maiores de troca materialista, efêmera e para interesse próprio? A Economia Colaborativa pode, na realidade, apenas estar promovendo o acesso e não apresentando um novo entendimento da dinâmica econômica como um todo? Acredito que muitas pessoas suspeitam que sim.

De fato, há o risco de que a Economia Colaborativa possa estar nos incentivando a maximizar cada capacidade ociosa das nossas vidas e a explorar mercados em todo os lugares, tempos, coisas e pessoas – qualquer roupa usada, equipamento subutilizado, qualquer viagem com espaço vazio no carro, um sofá que não tenha ninguém dormindo, uma garagem que não esteja cheia de bugigangas –, tornando tudo "útil" ao encontrar um estranho para dar, vender ou alugar.

Um novo "modelo" econômico

Se este pode se tornar um novo modelo dominante para organizar a vida econômica, acredito que exista o risco de retornar à mesma mentalidade de centralizar nossa cultura em um padrão hermético. Deveríamos tentar imaginar como podemos deixá-la sempre aberta a novidades, não como uma solução definitiva. Tenho medo que este modelo possa criar muros.

Às vezes, ao ler Rachel Botsman e Jeremy Rifkin (entre muitos outros) tenho a sensação que estão tentando me "vender" uma ideia enquanto pintam o quadro perfeito. Isso não ajuda a produzir uma visão de evolução contínua do todo e uma abertura de mente, coração e espírito.

O lado sombrio da internet

Apesar de termos visto que a internet multiplica a capacidade por comunicação horizontal, rápida, autônoma e autoconfigurável, além de habilitar uma enorme capacidade para colaboração e ação coletivas, outros processos de controle e dominância de informações, propriedade sobre a privacidade dos usuários e excessos de informações estão ocorrendo concomitantemente. Zygmunt Bauman abre a discussão a respeito do excesso de comunicação barata, rápida e "esquecível", que sufoca nosso dia a dia, diminuindo nossa capacidade de absorção e dissolvendo a "intimidade local" – deixando o indivíduo menos enraizado. Então, ao mesmo tempo que a internet traz mais acesso, ela também pode estar sobrecarregando pessoas com uma quantidade excessiva de comunicação, acelerando nossas mentes continuamente, em vez de fornecer informação qualificada.

Em um certo nível, isso pode representar uma sensação de invasão: nossas vidas sendo tomadas por um comportamento de rebanho e uma confusa identidade coletiva, quase sem agência ou privacidade.

Além disso, existe outra situação complicada relacionada à internet. Redes sociais controladas por empresas privadas (como Google, Facebook, Twitter, Instagram, LinkedIn etc.) têm informações privadas dos usuários. Então, o que elas fazem com toda essa quantidade de informação? Vendem. Parte do sucesso do Facebook, por exemplo, vem por permitir que outros sites acessem este poço de informações através de sua interface pública, ou API. Isso dá a outras companhias uma quantidade enorme de dados, que podem ser usados, por exemplo, para:

– prever o comportamento futuro de um indivíduo com algum grau de certeza: utilizando estas previsões para "estratégias de publicidade direta" e suas informações pessoais e seu histórico para criar "publicidade personalizada";

– alimentar "filtros de bolha": este termo foi cunhado por Eli Pariser, se referindo à situação na qual "o algoritmo de um *website* seleciona quais informações um usuário 'gostaria' de ver, baseado em informações sobre o usuário – como localização, comportamento passado e histórico de buscas – e, consequentemente, os usuários são afastados de informações que discordam de seus pontos de vista, efetivamente isolando-os em suas próprias bolhas ideológicas e culturais".[39]

---

39 Para mais informações, leia a resenha do livro de Eli Pariser, "The Filter Buble: o que a internet esconde de você", em http://online.wsj.com/news/articles/SB10001424052748703421204576327414266287254 e, também, em http://en.wikipedia.org/wiki/Filter_bubble.

Este tipo de controle e manipulação da informação pessoal também é um aspecto crítico da "cultura de compartilhamento", na qual a falta de modelos estruturais condizentes permite essa superutilização da hiperconectividade para o lucro desigual.

"Contas de banco por reputação"

Uma das principais formas de construir confiança para a colaboração e possibilitar contornar o sistema monetário são "sistemas de reputação", como expliquei anteriormente. Usualmente, esses esquemas de reputação são criados com base em "gamificação", como um sistema de pontuação positiva ou negativa, como em um placar.

No entanto, esta é uma faca de dois gumes, pois é ancorada em uma avaliação constante de como as pessoas se comportam na internet. Neste sentido, existe um certo tipo de controle sobre como seu comportamento é medido, reportado e gerenciado. Mas quem controla isso?

Estas futuras "contas de banco de reputação" permitiriam ou negariam acesso ao produto social – onde o perfil está sempre em jogo – fazendo o comportamento de consumo de todos ser avaliado como nunca.

A ThredUp.com – onde pessoas podem comprar e vender brinquedos e roupas de crianças, por exemplo, tem um sistema de pontos baseado em avaliações positivas ou negativas dos pais sobre a qualidade e estilo dos produtos que vendem. Estes pontos se tornam um "sistema de *ranking*", onde pessoas com poucos pontos são barradas de verem ou interagirem com pessoas com muitos pontos. Quanto mais pontos um usuário ganha, mais eles são apresentados a vendedores com avaliações altas e têm maior acesso a produtos de alta qualidade.

Existem outros exemplos ainda mais simples: no Airbnb, pessoas podem aceitar sua estadia baseadas em avaliações anteriores de outros usuários ou no seu perfil do Facebook.

Agora imagine que este sistema de reputação seja interconectado a cada uma destas interações na internet. Este julgamento social o tempo todo pode ser um tanto complicado: de um lado, permite uma maneira diferente de medir confiança além do crédito monetário, mas por outro lado pode se tornar extremamente invasivo e perverso, multiplicando uma avaliação de comportamento constante e um conflito cultural. Acredito que exista o risco de expor as pessoas a um nível ainda maior de pressão e dano psicológico, como medo, falta de autoestima, autojulgamento, rejeição, o "mito do sucesso" etc. O falso mito da "perfeição" que pode ser atribuído em nome de mais crédito, neste caso pode ser muito estranho e até maligno. As pessoas são vulneráveis, frágeis e inconsistentes também.

Neste sentido, este tipo de sistema de avaliação ajudaria a modificar a base do "ter" (dinheiro e coisas) para "ser" (comportamento), mas não contribui para a mudança de paradigma em termos de qualidades e valores. Esse ainda é baseado na competição, meritocracia, ranking, benefício individual, vaidade e repressão.

Observamos diversas críticas valiosas para melhoria da Economia Colaborativa. Em algumas delas existem contrapontos, respostas e detalhes diferentes? Sim! É importante vermos que existem desafios grandes para recriar os significados e que não adianta esconder essas questões debaixo do tapete, pintando tudo num *design* fabuloso e convincente.

Diálogos Profundos

Não existe colaboração sem comunicação e, mesmo que tenham diversas formas de acesso a informações, não há nada como um bom diálogo. Inspirado pelo método do *Presencing Institute*, realizei conversas conduzidas em um formato individual, um a um. Foi uma "pequena amostra" de empreendedores brasileiros e, naquele momento, a maioria das conversas aconteceu pela internet. Por escolha metodológica de minha pesquisa, esse foi o momento que ouvi uma segunda voz, ou seja, além da revisão literária e, posteriormente, a minha própria. O intuito disto foi a busca para entender o panorama brasileiro através da história contada por quem estava vivenciando a economia colaborativa e que pode compartilhar como é estar dentro dos desafios, sobre as superações e as propostas regenerativas.

O objetivo foi entrevistar "fazedores" da Economia Colaborativa, ou seja, pessoas que estão realmente engajadas em algum projeto, ação, iniciativa, tentativa relacionada à Economia Colaborativa. As pessoas com quem conversei estavam em diferentes estágios em seus projetos, vinham de experiências diferentes, viviam em partes diferentes do Brasil, com suas particularidades e, também, histórias similares.

Aprendi muito com estas conversas que duraram, em média, uma hora e meia: conheci suas histórias, seus desafios, suas visões, ideias e possibilidades. Apesar de no Brasil existirem fatores primordiais de colaboração realmente acontecendo, intrinsecamente, nos povos tradicionais, nas favelas urbanas, e em grupos religiosos, infelizmente essas práticas muitas vezes não entram nos cálculos de uma Nova Economia e passam despercebidas, por conta de uma cultura que não valoriza estas condições.

No entanto, me ative a experiências com características estruturais mais próximas da definição de uma Economia Colaborativa. Conversei com fundadores de *coworkings*; *startups* nacionais de impacto social sem fins lucrativos; plataformas gratuitas para facilitar troca, empréstimo e doação; empresas que prestam serviço especializado para colaboração em projetos, como coletivo de facilitadores; ensino colaborativo; consumo colaborativo; entre outras.

"Comunalidades"

Imaginei que seria mais interessante começar apresentando o que todos eles têm em comum e quais características compartilham entre si, algumas pequenas diferenças e, então, o que eu poderia esboçar de um perfil comum.

É bastante interessante o fato de todos terem partido de inícios simples, contando histórias humanas e pessoais. Suas iniciativas começaram de suas próprias jornadas na busca por uma vida mais significativa. As histórias de seus projetos não envolvem planos de negócios complexos, com um IPO ou qualquer grande estratégia de negócio. Seus projetos não surgem de oportunidades de negócio, mas muito mais por movimentos espontâneos de suas vidas, necessidades genuínas, encontros especiais e percepções de seus momentos. De fato, seus objetivos parecem ter pouco a ver com o enriquecimento financeiro em si.

Todos eles passaram por um momento no qual sentiram um profundo desconforto com a cultura de massa, sentindo uma mistura de solidão, descontentamento, ansiedade e falta de propósito. Então, todos, em algum momento, iniciaram uma busca por um trabalho mais humano, significativo, empático e sensível, que pudesse desafiar valores culturais e padrões preestabelecidos, a fim de mudarem suas percepções do dia a dia. Todos passaram por momentos de reflexão e sentiram um chamado por uma transformação interna profunda. De maneira geral, este chamado desestabilizou antigos padrões, especialmente relacionados ao trabalho – podendo acontecer em tempos mais longos ou até mesmo em instantes.

Todos eles mostraram um alto nível de empreendedorismo e espírito inovador em diferentes áreas. São todos muito proativos, o que é típico da Geração *Millenial* – sim, todos entre 25 e 35 anos de idade quando a entrevista foi realizada. Eu poderia facilmente reconhecer (e todos declararam) uma dedicação incomum ao trabalho, profundamente integrado às suas vidas pessoais. De fato, alguns nem usam a palavra "trabalho" – quando se referindo ao Curto Café,[40] Sharlie Oliveira usou termos como "servir" ou "cuidar".

Todos os entrevistados apresentaram algum nível de diferença nos valores como entendem o significado do trabalho comparado ao senso comum atual. O que muda toda a ideia de relações humanas dentro da vida econômica, que, como consequência, afeta a vida pessoal e, então, a cultura. Isso, de fato, mostra a capacidade da Economia Colaborativa como um agente de uma mudança cultural profunda.

---

40 Cafeteria baseada na colaboração, onde o preço do produto é decidido pelo cliente e ele que paga e pega o troco sozinho - a "precificação colaborativa". A responsabilidade das contas da cafeteria também é compartilhada com o cliente, uma vez que absolutamente todas as informações financeiras estão expostas num quadro a giz. Ali todo caixa é compartilhado entre os que participam do negócio, não dividido igualmente, mas de acordo com a necessidade de cada um.

Está claro que eles estavam experimentando diferentes tipos de relacionamentos no trabalho, mas não de forma ingênua ou inconsequente. Na realidade, são muito conscientes da importância da experimentação para o processo. Em outras palavras, estavam perseguindo uma "experimentação consciente".

Neste sentido, entendo que, em geral, os agentes participativos da economia colaborativa estão operando em relações de trabalho horizontais, com um nível pequeno de hierarquia e, em alguns casos, nenhuma. Como explicaram – de forma unânime – esta maneira de trabalhar permite uma maior "familiaridade" (como em relacionamentos entre família e amigos). Segundo Bernardo Ferracioli, da GOMA,[41] esta forma de trabalhar é "mais real", a partir da criação de laços afetivos com colegas de trabalho. Por outro lado, de acordo com eles, essa dinâmica também se torna emocionalmente desgastante e desafiadora, já que este tipo de relação traz outros tipos de conflitos que não nos acostumamos a ver em ambientes de trabalho mais tradicionais. Este processo trouxe um outro nível de transparência, aumentou a abertura e, consequentemente, de acordo com ele, a felicidade; e junto com ela um excesso de liberdade. Acredito que uma constante entre projetos de base colaborativa no Brasil é o desafio de encontrar um equilíbrio entre liberdade individual e decisões coletivas.

Dentre os diversos projetos brasileiros, há iniciativas com fins lucrativos, outras sem estes fins e algumas até (quase) sem nenhum dinheiro envolvido.

---

41 GOMA é um espaço de *coworking* baseado em um sistema de gerenciamento horizontal e colaborativo, copropriedade e "liderança circular".É orientada por um processo distribuído, descentralizado e tem uma dinâmica de "aprender fazendo". As mais de 20 empresas buscam se retroalimentar e fazer ações juntas aumentando o valor de cada uma.

Um dos aspectos mais interessantes é que estão combinando várias características da Economia Colaborativa na mesma ideia e todos esses diferentes valores estão "estruturados em seu DNA". Isso reforça a integração com princípios transformadores e não apenas se utilizando destas características.

Por outro lado, eu diria que a maioria das pessoas entrevistadas vêm de uma classe social mais abastada e com um maior nível de educação (bem acima da média no Brasil), o que nos leva de volta à discussão apresentada em "Explorando as Sombras": de maneira geral, a participação na Economia Colaborativa ainda é restrita a certos nichos sociais, embora venha aumentando cada vez mais, inclusive através do financiamento coletivo para projetos sociais e projetos potentes da periferia, como o Banco da Maré.[42]

---

42 O Banco Maré é uma *startup* social que atende regiões sem acesso ao sistema financeiro. Por meio de um aplicativo móvel, os usuários pagam contas, transferem valores e fazem compras facilmente e sem perder o controle dos gastos. http://bancomare.com.br/index.php.

EXPERIÊNCIAS PESSOAIS

Tenho algumas experiências pessoais na Economia Colaborativa que valem a pena serem contadas aqui.

Minha campanha de financiamento coletivo

Para conseguir fazer o mestrado na Schumacher College, enfrentei um grande desafio: dinheiro. Estudar em uma escola privada na Inglaterra era difícil para mim em termos financeiros. Primeiro, por causa das altíssimas anuidades da escola (para não europeus acaba sendo ainda mais caro), visto, passagens aéreas e os custos de vida na Europa. Em segundo lugar, o câmbio, quatro para um, também dificultou muito.

Acabei chegando a um conjunto de soluções. Uma delas era um projeto de financiamento coletivo. A ideia era financiar 10% dos meus custos para permitir a multiplicação dos meus aprendizados sobre sustentabilidade e "Nova Economia" para o Brasil. O valor era equivalente a R$10.000. Uma reflexão: acredito que decidi por este valor baseado no medo, desconfiança, vergonha e autocrítica. Medo de não funcionar, não receber o suficiente e desconfiança no processo (algo como "As pessoas não vão me dar dinheiro. Só meus amigos e família."). Também senti um pouco de vergonha de pedir dinheiro na internet com meu rosto exposto em um vídeo sem saber as reações das pessoas ("o que os outros vão pensar?").

Minha proposta era ecoar meu aprendizado em forma de recompensas: um blog (construído especificamente para este projeto); encontros − "almoços colaborativos"; conversas por Skype; uma cópia da dissertação; uma lista de sugestões de livros, vídeos, artigos; aulas sobre sustentabilidade e "Nova Economia"; projetos de consultoria; workshops; e contribuições e projetos sociais. Cada um dependendo do valor da colaboração de cada pessoa.

Usei uma plataforma digital para o financiamento coletivo, chamada Benfeitoria:[43] a única plataforma que não cobra comissão fixa.

Um momento antes de apertar o botão para colocar o vídeo da campanha no Facebook e começar o processo de promoção e lançamento para o mundo, eu estava muito nervoso. Contudo, 6 minutos depois (às 3 horas da manhã), um amigo curtiu minha publicação e depois de cinco minutos comentou "o primeiro 1% está feito!". No dia seguinte, as reações das pessoas foram surpreendentemente incríveis, com muitos comentários e compartilhamentos, pessoas me ligando para me parabenizar pela iniciativa, mas também agradecendo.

Eu realmente não esperava por essa reação. Quando as pessoas me encontravam em qualquer lugar, pareciam verdadeira-

---

43 https://benfeitoria.com/

mente tocadas com meu ato de coragem e o fato de que eu estava investindo minha vida para repensar um mundo melhor, algo que também disparava uma corrente de ar fresco para elas. Em algum momento, senti que estava contribuindo para a esperança de outras pessoas de que outras estruturas são possíveis, simplesmente através do exemplo que eu trouxe de uma outra possibilidade de financiamento para o meu sonho; algo novo para muitos, inovação... novos significados. Essa reação me encheu de significado também, descobrindo a capacidade das pessoas de ajudarem umas às outras.

No final, consegui atingir 125% da minha meta, totalizando R$12.500. Na realidade, eu estava preparado para recolher algo em torno de R$5.000, e isso já teria sido ótimo. No entanto, 82 pessoas colaboraram, das quais só conhecia 50% previamente.

Esta campanha de financiamento coletivo abriu para mim um oceano de diferentes perspectivas para uma nova economia, finanças e o Comum. Quando eu vi que poderia realizar um projeto com um pouco de ajuda de várias pessoas através de uma boa comunicação e recompensas, entendi como até o capital financeiro pode ser entendido como um Comum. Ele não pertence a ninguém, ele pertence a todos. Na verdade, como a linguagem, o dinheiro é uma mídia para nos comunicarmos. Com os "números" (como uma linguagem) que coletei de outros, fui capaz de realizar meu sonho, porque a instituição também entende o que esses "números" significam (chamados de dinheiro pela modernidade), e assim por diante. Então, estes "números" contêm uma transmissão de significado e não são a qualidade em si.

Seguindo a mesma analogia, se eu falo uma língua estrangeira que você não conhece, você pode até ouvir o som da minha voz (como um recurso), mas sem entender o que estou dizendo (comunicação). Assim, a diferença aqui é a intenção por trás desta quantidade de "números" – isto é, quem colaborou sabia exatamente como o dinheiro seria usado – e através do mesmo canal (aberto simplesmente pela construção deste relacionamento no projeto) eu vou retornar – o que todos também já sabiam previamente – para o bem comum. E essas "transações" são possíveis porque nós compartilhamos significados, e é sobre isso que o Comum se refere: recursos "administrados" coletivamente e dotados de significado. Em contraste, quando recebo um salário em uma empresa, por exemplo, este dinheiro não tem nenhuma intenção (tem uma causa – meus serviços prestados, mas nenhuma intenção) e eu posso usá-lo como quiser. Assim, pelo fato de o dinheiro ser um intermediário e não conter significado em si, o salário não contém nenhum significado, a não ser o pagamento pelo serviço, e isso não dá o significado ao dinheiro. Nosso sistema econômico é baseado em "comunicação" sem significado. O financiamento coletivo, por outro lado, pode trazer um "número" que é produzido pelo coletivo para o coletivo.

A partir desse projeto, ainda tive maravilhosos diálogos com pessoas de diferentes partes do Brasil, escrevi no blog, divulguei entrevistas em vídeo que fiz com pessoas que conheci no curso, encontrei várias pessoas, prestei consultoria, dicas, aulas etc.

Compartilhando habilidades

Desde o início de minha jornada no mestrado, ensinei capoeira duas vezes por semana para a comunidade da Schumacher College. Mas não recebi dinheiro e não existiu nenhum pagamento direto envolvido. Organizamos espontaneamente uma prática de compartilhamento de habilidades onde pessoas contribuem para o Comum com aquilo que podem ensinar. Tivemos aulas de francês, yoga, shiatsu, espanhol, violão, piano, tango, entre outras; tivemos aulas semanais de "dança de 5 ritmos"; um amigo oferecia massagem; outro, sessões de reiki; por alguns meses tivemos uma "escola de mistérios"; e assim por diante. Em nenhum momento houve dinheiro envolvido.

Mesmo que em alguns momentos eu tenha enfrentado um dilema interno sobre equilíbrio, com perguntas do tipo "Estou oferecendo muito?" ou "Estou dando o suficiente?", o sentimento geral era incrível. Eu estava oferecendo algo que amo e recebendo oportunidades e coisas maravilhosas do Comum pelo Comum.

Depois dessa experiência na Schumacher, lecionei capoeira durante 2 anos no Rio de Janeiro onde o pagamento era metade monetário, metade não-monetário. Ou seja, parte do pagamento tinha de ser monetário para pagar o aluguel do espaço e despesas básicas para mim e a parte não-monetária era acordada entre mim e cada aluno a partir das habilidades oferecidas por eles e minhas necessidades. A partir daí eu recebi refeições (onde a pessoa fazia para ela e para mim) normalmente com uma qualidade muito melhor e mais eficiente do que eu ir a um restaurante, corte de cabelo, aulas de filosofia e outras de meu interesse, sucos, traduções, massagem, reiki, o material gráfico da minha marca etc. E o mais interessante é que, diferente do pagamento apenas financeiro, as pessoas ficam muito felizes de estarem te "entregando" isso. Existe aí uma relação de cuidado e afeto, diferente do dinheiro, estabelecendo um outro significado ao "pagamento".

Compartilhando com o vizinho

Quando morando no interior da Inglaterra, éramos três casas de amigos próximas. Existem alguns aparelhos domésticos que não são usados o tempo todo ou, como Rachel Botsman diz, estão em "capacidade ociosa". Assim, essas três casas adquiriram no Freecycle e compartilharam um aspirador de pó, uma máquina de lavar roupas e algumas ferramentas. Especificamente para a máquina de lavar, tivemos que estabelecer (juntos, é claro) algumas regras de uso comum, dado que algumas especificidades estão envolvidas: consumo de energia, água e sabão em pó, o barulho da máquina em uso e acessibilidade (afinal, a máquina está instalada em uma das casas, então os moradores das outras casas precisavam poder acessá-la). Decidimos ter um pote de dinheiro para compor as contas de água e eletricidade, além do sabão em pó, com uma sugestão de valor indicada. Assim, quando cada um usasse a máquina deveria colocar um montante de dinheiro segundo seu próprio discernimento. Além disso, foram estabelecidos horários de uso e bom senso ao respeito com os moradores. O aspirador de pó era mais simples: quando alguém precisava, era só bater na porta para pegá-lo.

Outras experiências

Também uso alguns esquemas de compartilhamento de bicicletas em diferentes cidades do mundo (barato, divertido, saudável e prático). Mesmo que geralmente haja uma grande empresa (como bancos) por trás do serviço, sendo patrocinadoras com suas marcas estampadas em cada bicicleta, o que faz com que você faça publicidade gratuita para eles (na verdade você ainda está pagando), é uma maneira eficiente, democrática, colaborativa e alternativa para transporte urbano.

Outro exemplo de Economia Colaborativa que eu experimentei foi usando o Airbnb algumas vezes pelo mundo, e foi muito bom. Consegui ótimos preços em lindas casas (em perfeitas condições) com anfitriões simpáticos e prestativos. Conheci famílias generosas e amigáveis, fiquei em ambientes muito mais acolhedores que hotéis e, na verdade, com uma qualidade superior. Por estas razões, fiquei feliz em escrever boas avaliações para eles na plataforma.

Por outro lado, como anfitrião tive alguns problemas. Uma vez o hóspede deixou o apartamento extremamente sujo e deixou avaliação baixa sem explicações. Na outra situação mais crítica, estávamos viajando, alugamos no Airbnb, os hóspedes disseram que estava tudo ok e em algumas horas recebemos uma mensagem, sem grandes explicações, de que o hóspede havia reclamado da limpeza (coisas como poeira em cima do lustre a 2,10m de altura) e que por esse motivo o Airbnb (diga-se de passagem, sem averiguar) retirou cerca de 25% do valor que a gente receberia. Para mim, essas situações demonstraram com clareza minha vulnerabilidade como anfitrião, sendo tipicamente arbitrado pelo site, sem a devida averiguação. Essa "área cinza" duvidosa em se a plataforma é ou não intermediária abriu uma brecha para me sentir lesado, injustiçado e inseguro. Mais a frente vamos debater as consequências disso.

O último exemplo que gostaria de trazer como contribuição aqui ocorreu em 2014-15. Nesse período fiz parte de uma "comunidade de empreendedores" chamada Arca Urbana, no Rio de Janeiro. Foi um ambiente de muita troca, com pessoas que vinham de diversos *backgrounds* diferentes, muitos embates de ideias e muito aprendizado pela simples experiência de estar junto. Eram cerca de 20 empresas que, juntas, tentavam sair de um modelo clássico de trabalho para implementar o sonho de não só compartilharem um espaço para trabalhar, mas se retroalimentarem e potencializarem juntas suas transformações e prosperidades coletivas e individuais. O maior desafio esteve sempre circundando a tentativa constante de equilibrar as relações internas (a multiplicidade de crenças, valores, objetivos e entendimentos) com as relações externas (basicamente pagar as contas e compartilhar custos). Por outro lado, tive uma das experiências mais ricas da minha vida. Lá estabelecemos um "laboratório" do Comum: um grupo de cerca de 20 empreendedores tinham uma sala (o Mezanino Criativo) com expectativa de gasto de R$20mil em mobiliário e design. Só que experimentamos nós mesmos pegarmos o que tínhamos e somar os nossos dons para construir absolutamente tudo – mesas, lustres, cadeiras, prateleiras etc. Os cinco dias de "mão na massa" estabeleceram laços fraternais entre esses empreendedores que jamais teríamos, além de que cada peça da sala era única, criativa e cheia de história – de significado. Tínhamos muita história para contar em cada canto daquele lugar. Aprendemos muito sobre cada um, além de descobrirmos diversas habilidades que nem sabíamos ter, como por exemplo fazer uma mesa. E, por fim, não gastamos mais do que R$300.

Dialogando com Tudo Isso

Gostaria de voltar a falar sobre a Pirâmide de Sierpinski. Esta representação de uma formação complexa é perfeita como analogia para ilustrar como podemos abordar a pergunta principal deste trabalho e nos apoiar em dialogar com as diferentes dimensões.

Neste sentido, podemos analisar a pirâmide a partir de diferentes perspectivas, por exemplo:

– A pirâmide representa o todo (ou o *hólon* de nível mais elevado): na analogia é a minha principal investigação;

– Partes menores (p. ex. faces da pirâmide) ou *hólons* de nível mais baixo representam um "conjunto de *partes*" para abordar as particularidades dos temas principais, como, por exemplo, cultura, o Comum e Economia Colaborativa;

– As partes dentro das partes (como o triângulo de Sierpinski) – ou os *hólons* dentro dos *hólons* – tratando de temas dentro dos temas. Por exemplo, a relação de trabalho dentro da Economia Colaborativa.

Contudo, todos os *"hólons"* são interconectados e interdependentes, e apesar de podermos observar apenas os níveis mais baixos, o todo está inserido em cada parte. Então, cada *hólon* compartilha o mesmo padrão de organização, portanto, inseparáveis.

Sendo assim, observar a pirâmide por diferentes ângulos nos fornece diferentes perspectivas para análise, assim como já vínhamos explorando dentro dos capítulos anteriores. Desta forma, temos nossas "lentes" como o foco de observação (lembre-se de que quando você olha um objeto 3D é possível mudar o foco mudando o plano de observação) – você pode aproximar, afastar, focar nos orifícios, nas faces, nas bordas etc.

Portanto, já olhamos para a "pirâmide" em seus diversos ângulos e a abordamos por diferentes pontos de vista nos capítulos anteriores. Agora, iremos interagir com muitos de seus ângulos, partes e o todo para ver suas interconexões. Na figura 6 é possível ter um exemplo disto, pois ela apresenta a pirâmide

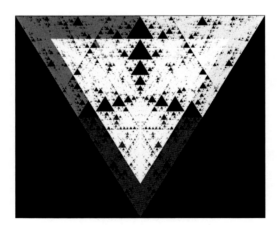

Figure 6: "A pirâmide baseada no triângulo de Sierpinski vista de cima (4 partes principais destacadas). Observe a semelhança nesta visão bidimensional, onde o triângulo resultante poderia ser um fractal 2D."
CC BY-SA 3.0, https://en.wikipedia.org/w/index.php?curid=18363807

baseada no triângulo de Sierpinski vista de cima. Isto significa que veremos mais interconexões entre o Comum, a cultura e a Economia Colaborativa, assim como algumas particularidades resultantes do estágio de "criação" após a "Escuta Profunda" e o *"presencing"*. Se olharmos estes tópicos principais como as seções destacadas da figura, é assim que nossa análise poderia parecer – mas lembre-se de que ainda é uma forma 3D.

Uma mudança de valores

Como tenho constatado até agora, a maioria das críticas e suposições negativas sobre a Economia Colaborativa geralmente vem de uma fonte similar: uma mentalidade mais conservadora, fragmentada, dualista e baseada em causa e efeito. Em seguida, as reclamações tendem a vir de negócios ancorados no Sistema, autoridades reguladoras e outros setores conservadores. Como descobrimos anteriormente com Morin, Bauman e outros, este tipo de reação é compreensível uma vez que quaisquer crenças, valores e concepções que nos fazem entender o mundo são compartilhadas e cocriadas dentro da cultura que adotamos. Isto significa que para ocorrer uma mudança de paradigma é necessária uma mudança profunda, que precisa acontecer em conjunto com a estrutura coletiva – nosso ambiente. Logo, mudar valores é uma tarefa árdua, porque geralmente não *vemos* uma alternativa, a princípio não está em nosso radar – e por esta razão uma alternativa simplesmente "não existe", consequentemente não faz nenhum sentido, até o momento de atingirmos um *aprendizado significativo*. Precisamos *ver* para acreditar e crer para ver. Assim como tive de mudar meu olhar para entender o que é a Economia Colaborativa e o Comum, também tive que alterar minha visão para aceitar de onde vinham essas críticas. Girar a pirâmide é muito importante para ver os diferentes pontos de vista (me colocar no lugar de outra pessoa) e dialogar com diferentes perspectivas.

Em determinado momento me questionei: como poderíamos mudar para uma maior abertura cultural, em que o processo de "colaboratividade" (como a prática de colaboração) passa necessariamente por um processo de mudança em valores e intenções? Uma cultura mais colaborativa (prática e hábitos) também é um processo de abertura interior para a opinião dos outros, ou seja, vir com mais perguntas, menos definições, tornar-se mais explorador, menos argumentativo, tentando ser mais convidativo do que convincente.

Percebi que, para a Economia Colaborativa fazer sentido, é necessário um processo mais cuidadoso de estabelecer intenções de seus praticantes. Isto significa que, uma vez que a Economia Colaborativa está neste processo indefinido de "transição", ela está de fato vivendo ambos os "mundos" simultaneamente (um colaborativo e um "tradicional"). Por exemplo, se a intenção dos projetos colaborativos é baseada em fazer muito lucro e acumulação de capital, então ela está de fato ancorada em uma mentalidade tradicional de economia e cultura, mas usando novas narrativas, e isso provoca confusões genuínas entre aqueles que a julgam, a usam e a regulam.

Nesse sentido, estabelecer as intenções é muito importante para esclarecer a comunicação e, assim, estimular diferentes padrões de relacionamento através de novos significados. A Economia Colaborativa está promovendo progressos para mais colaboração entre as pessoas em direção ao Comum, contribuindo para novos padrões e comportamentos de consumo, produção, gestão e propriedade. Um exemplo é quando está propiciando a criação (espontaneamente e sem uma decisão central envolvida) de algum mecanismo que tem a capacidade de gerar recursos autogerenciados. Contudo, ainda existem algumas questões para desempacotar. Veremos adiante.

O desafio de uma escala global

Segundo E.F. Schumacher, "as pessoas só podem ser elas mesmas, em pequenos grupos". Então, como viverem "uma sociedade de rede (quase) global" com hiperconectividade? Como vamos lidar com uma "cultura sem muros"?

Por um lado, a ressignificação dos laços sociais – promovida pela "revolução da comunicação" – está dissolvendo a ideia de comunidade dentro de fronteiras limitadas e, talvez, esteja se tornando muito mais relacionada a fluxos e redes distribuídas. Por exemplo, minha "comunidade" é moldada não apenas por minha família e vizinhança, mas também por amigos da Schumacher College na Inglaterra, do Rio de Janeiro, da capoeira, das redes sociais internacionais etc.

No entanto, a intensidade da comunicação é tão alta que está criando um risco de pessoas e comunidades perderem o contato com a realidade e a identidade de fato. Como Wilber explicou na "Estrutura dos *hólons*", é necessário equilibrar a relação entre agência e comunhão, a fim de evitar a autodissolução. Nesse sentido, temos que ter muito cuidado um com o outro nessa "rede excessiva". Minha conclusão antecipada, enquanto isso, é que a as atividades na Economia Colaborativa têm que ser incorporadas em uma colaboração de cuidado, como suporte de suas intenções, criando assim relacionamentos significativos.

De certa forma, a distância foi tão encurtada por meio da comunicação que começou a se tornar irrelevante[44] e pode chegar ao ponto em que é quase inútil "espacializar" o Comum. Não porque é "global", mas por causa de suas probabilidades aumentadas de cruzar fronteiras. Na verdade, como a ideia de recursos compartilhados não precisa necessariamente estar dentro dos limites da comunidade, o Comum também não pertence a uma escala espacial definida. Toda a ideia de propriedade está encontrando novos significados através de uma diversidade de possibilidades criativas de compartilhamento.

Pelo menos a Economia Colaborativa está ajudando a criar mais abertura. Lentamente, as pessoas estão se liberando do padrão "isso é meu" e começando a compartilhar mais, até o ponto em que teremos mais recursos de base Comum (tangíveis e intangíveis) do que na propriedade privada ou pública.

Criando o vazio, permitindo a abertura

> *"Então, a invasão do alto-falante destruiu aquele silêncio que até agora dera a cada homem e mulher sua voz própria e igual. A menos que você tenha acesso a um alto-falante, agora você está silenciado."*
>
> Illich

---

44 Excluindo impactos ambientais, como as emissões de CO_2 por transporte (de pessoas e bens). Estou falando aqui de muitos outros recursos menos tangíveis, como, por exemplo, o conhecimento aberto – que permite a troca de informações reduzindo até mesmo a necessidade de transporte, já que o princípio da fonte aberta estimula a produção local com conhecimento compartilhado; assim como a educação on-line.

Como Illich demonstra em seu famoso artigo *"Silence is a commons"*, *"Os Cerceamentos"*[45] foram o começo do "desempoderamento" das pessoas, mesmo nas dimensões mais sensíveis. Como ilustrado por ele, o silêncio terminou quando o alto-falante foi inventado.

Enquanto ele continuar – o "alto-falante" –, cada esquina, em todos os lugares, se torna uma propriedade. Até as ruas se tornaram propriedades e foram tiradas do poder das pessoas. Temos sido amontoados por uma condição de propriedade pública e privada que está abreviando o "vazio".

De fato, esse elemento – o "vazio" – é responsável pela geração da conexão; sem vazio, sem espaço entre os indivíduos, não há conexão, em consequência não há fluidez ou movimento, e então não há cocriação. De fato, atrevo-me a dizer que, quando tivermos mais vazio, surgirão mais redes P2P e auto-organizadas.

Algumas plataformas colaborativas, como o Nos.vc ou o Mutuo, têm um potencial para permitir o vazio quando facilitam a possibilidade de atividades auto-organizadas (ou permitem "a possibilidade de possibilidades"). Abrindo o vazio – por exemplo: "aqui tem espaço para acontecer" –, eles estão convidando à abertura e novas coisas para acontecer, e quando isso é feito, eles voltam para a autocriação (como "autopoiese") para emergir. Contudo, é necessário um senso de responsabilidade pela

---

45 "No modo de produção feudal, a terra era um bem comum para a produção camponesa. A partir do momento em que se processa a transição para o modo de produção capitalista, a terra passou a ser encarada como um bem de produção. Desse modo, uma parte dos senhores feudais ingleses (...) passaram a cercar as suas terras (cercamentos), arrendando-as como pastagens para a criação de ovelhas, e delas expulsando os camponeses". (https://pt.wikipedia.org/wiki/Cercamentos)

oferta e não apenas "use nosso serviço por sua conta e risco". Na Economia Colaborativa, todos têm a responsabilidade, porque não se trata de competição ou de "fazer mais com isso", é sobre cooperação.

Yochai Benkler, em "The Wealth of Networks", explora a ideia de autonomia aprimorada em uma economia de informação em rede como um fator substancial para a melhoria coletiva. Nesse sentido, uma maior autonomia vem de uma comunicação constantemente aberta e permitindo que os indivíduos percebam uma gama enorme de possibilidades (autonomia ou empoderamento não são algo que se dá), o que, por sua vez, cria mais espaços de troca.

Segundo ele, esse ambiente de informação em rede torna a cultura mais transparente e maleável; um espaço convidativo para a autonomia coletiva e a autocriação. É democraticamente mais aberto para diferentes representantes, flexível e moldável para transformação e criatividade.

O (não) modelo

A economia colaborativa não deve ser um novo modelo econômico. De fato, no começo eu não gostei do termo Nova Economia, porque parecia uma daquelas estratégias de *marketing* baratas e manipuladoras, quando eles mudavam o "biscoito de chocolate com creme" para uma "nova fórmula" chamada "biscoito de creme com chocolate" para vender mais, ou como "novos" celulares a cada 3 meses. Mas, então, percebi que a Nova Economia poderia ser entendida como constantemente nova, aberta à novidade, sem modelo fixo, aceitando e respeitando a inovação e a criatividade. Dessa forma, se tornaria uma plataforma para a chegada de modelos emergentes que impulsionam transformações necessárias constantemente.

E se tivermos um "modelo" de "não modelo", ou um modelo que inclui modelos? Aberto para mudanças, de acordo com novas entradas e criado para permitir mais modelos.

Isso exigirá uma profunda mudança de valores dos detentores dos modelos, ou seja, a apropriação política. Esses valores vêm de uma fonte diferente, uma cultura diferente, mudando de competição para cooperação; da ganância individual para o bem Comum; do medo para a confiança; do ego para o eco; de direitos autorais a livre direito (*Copyleft*) ou Compartilha Igual (*ShareAlike*); encontrando diferentes formas de autoestima e riqueza. Isso acontece porque os detentores de modelos (por exemplo, o governo) o aplicam sob a tutela do cumprimento da lei e da violência, usando a cultura do medo para garantir seu poder inabalável; ou, no caso da propriedade privada, ela é aplicada pelos preços de mercado e pelos comandos gerenciais como motivadores.

Assim é necessário rever o modelo político-estrutural em que se baseia a maior parte da Economia Colaborativa. A maioria ainda é uma empresa com fins lucrativos, isto é, forçadamente embutida em uma estrutura que não combina com seus valores em muitos casos. É como um pé tamanho 42 usando sapatos tamanho 38.

Portanto, a questão é: como podemos criar um sistema para estruturas de direito de propriedade que garanta a responsabilidade de seus membros, mas seja regulado por seus usuários em todos os sentidos, não por algum órgão externo? Mas incluindo como princípio básico a abertura constante para a mudança.

Em transição

A Economia Colaborativa não é amadurecida por causa de cada questão que vimos aqui como, por exemplo, regulamentação, segurança, relações de trabalho, cultura, falta de modelo etc.

Mas, por outro lado, os parâmetros que estamos usando para avaliá-la como "não pronta" podem significar que não estamos usando lentes apropriadas, simplesmente porque elas são baseadas em valores que refletem o modelo tradicional. Isso significa que ela foi comparada com os fundamentos e valores de sucesso do atual modelo.

Como a Economia Colaborativa, o *Collaborative Commons*, a Produção Colaborativa baseada em recursos comuns e os Sistemas P2P vêm de uma sociedade em rede embutida em diferentes valores e possibilidades de mobilidade; e essa "transição" não irá parar. Essa cultura é muito maleável, líquida, moldável e criativa, e está continuamente em (rápida) transformação, incapaz de ser suprimida. Essa cultura colaborativa é puxada pelas pessoas, suas iniciativas (que de certa forma são "mais livres" de acontecer), ações e práticas (que produzem e são o produto da mudança de valor).

Por isso que é tão interessante observar esses sistemas do ponto de vista cultural: estou à procura de algo muito mais poderoso do que os "modelos" econômicos racionais; estou avaliando valores, crenças, significados, comportamentos e padrões de conduta. Portanto, embora sejam dinâmicos e se transformem, eles estão nas camadas mais profundas.

Talvez essa Nova Economia, na qual esses sistemas são integrados, esteja permanentemente em mudança, em transição; ou, talvez, nem mesmo em transição, mas indo em paralelo; ou, quem sabe, o tradicional e a Nova Economia estejam em transição e convergirão em algum ponto; ou, outra possibilidade, talvez todos eles se desintegrem para uma pluralidade futura ainda maior. Nós não sabemos ainda.

Não podemos afirmar que a Economia Colaborativa é, de fato, uma evolução de um neoliberalismo em rede ou se é parte de uma reforma profunda, mas, inegavelmente, é uma revitalização cultural. Os agentes mudaram, o cenário mudou, os fluxos são diferentes e novos valores surgiram.

Como Michel Bauwens afirmou: "sem inventar ou impor utopias, mas estendendo os protótipos de trabalho dos cidadãos e dos próprios produtores".

O Conflito na Regulamentação

Embora a Economia Colaborativa esteja impulsionando a geração de novas dinâmicas no sistema econômico e abrindo muitas oportunidades para as pessoas se tornarem mais interdependentes e menos dependentes das forças centrais (como o governo, grandes empresas etc. – aqueles que normalmente possuem os fatores de produção[46]) ela vai encontrar atrito nos regulamentos e nos negócios tradicionais. Este é um fator muito importante. É um sinal claro de que a Economia Colaborativa está realmente afetando a economia e alavancando a discussão para a mudança da regulação econômica como nunca. Seus agentes atuais, principalmente os grandes, com maior participação no mercado, como o Airbnb e o Uber – que já possuem vários problemas jurídicos – estão, de fato, sendo pioneiros e desobstruindo o ambiente regulatório.

---

46 "Fatores de produção" são entradas para o processo de produção. Trabalho, capital e terra são as bases.

O atrito é devido, principalmente, ao desafio e à mentalidade dominante e, claro, a reação é previsível e inevitável. Nossa sociedade é tão apegada a regulamentos, regras e normas formais para organizar a vida que, às vezes, esquecemos para que são feitas. Na minha opinião, é extremamente importante ter regras para gerenciar o Comum, no entanto, em algum ponto da história, elas se tornaram o instrumento de poder mais usado para manter o *status quo*, controlar as pessoas e, em seguida, criar a privação e o "desempoderamento".

Assim, com o advento da "autocomunicação em massa", esse controle por regulação tornou-se mais penetrável e possível de "contornar". As dificuldades de controlar as ações baseadas na internet e a sociedade em rede, pelo poder formal, estão, de fato, aumentando a autonomia ao permitir novas possibilidades. Uma delas é a Economia Colaborativa.

Por esta razão, a maioria dos projetos é (conscientemente) à margem da lei e localizada nas chamadas "áreas cinzentas". Às vezes a intenção não é nem burlar a lei, mas apenas realizar a vontade deles. Ao fazer isso, os usuários e profissionais da Economia Colaborativa parecem confrontar o "sistema" no campo simbólico. E, ao agir na margem, estão empurrando as fronteiras da nossa cultura, encontrando simultaneamente resistência e novidade. Por exemplo, governos que proíbem algumas iniciativas[47] mas, ao mesmo tempo, novas estruturas organizacionais surgem.

Algumas pessoas podem dizer que as formas organizacionais P2P emergentes podem fazer com que algumas instituições

---

47 Como o Airbnb, em Nova York, e o Uber, em Berlim.

de poder percam sua relevância (como criação de empregos, finanças, assistência infantil etc.). Dessa forma, algumas partes do "mercado" e do "governo" estão simbolicamente perdendo seu monopólio de prover "coisas" para a concretização da vida. De acordo com isso, a "cultura P2P" está definitivamente contribuindo para um movimento em direção ao Comum.

Reestruturando relacionamentos de trabalho

Uma das críticas mais comuns da Economia Colaborativa vem do fato de que um número "imenso" de empregos foi destruído por causa dela – aparentemente, pois sinceramente eu não comparei os números. Os críticos também a relacionaram com más condições de trabalho, desregulamentação, perda de benefícios, uma massa de trabalhadores temporários etc.

Vamos continuar girando e explorando a "Pirâmide de Sierpinski", e olhando este movimento de diferentes ângulos, desafiando a forma. Acredito que pelo menos a Economia Colaborativa está abrindo a possibilidade de uma discussão muito importante – há muito tempo intocada – sobre a ressignificação do "trabalho". Nesse sentido, uma questão ontológica surgiu para mim: seria o emprego a melhor maneira de reproduzir e distribuir a riqueza?

A partir de agora, eu entendo "emprego" como apenas uma maneira de obter renda. Em contraste, a Economia Colaborativa está apresentando muitas outras maneiras, o que, por sua vez, nos leva a outro ponto da discussão: a desregulamentação do trabalho. Como de costume, toda crítica à Economia Colaborativa carrega os argumentos da mentalidade tradicional. Um exemplo comum é o questionamento dos críticos sobre a perda de benefícios sociais que os empregados têm (resultado de muitas batalhas sociais e políticas por muitos anos contra a exploração) quando se transformam em trabalhadores temporários ou microempreendedores. Este é um grande problema para resolver, principalmente porque apenas transfere uma dependência para outra; isto é, podemos nos tornar escravos de nossas próprias horas de trabalho para sobreviver. Ou seja, sem benefícios de uma "carteira assinada", CLT e garantias dos empregadores, os empreendedores dependem exclusivamente de seu suor diário para gerar sua receita direta. Por exemplo, se você ficar doente, grávida ou tiver outros impedimentos para fazer seu trabalho, não terá um suporte direto, nem férias remuneradas – o que é uma questão absolutamente importante de saúde. É bastante inseguro depender exclusivamente do seu fazer diário para sobrevivência.

No entanto, movendo a pirâmide... Muitos desses "benefícios sociais" delegados pelas empresas sob ordem legal, na verdade, apenas apaziguam muitos males criados por horas de trabalho onerosas. Temos que analisar criticamente a ideia de "benefícios" e avaliar o que ela traz em termos de saúde, liberdade, paz etc. De fato, no tipo de "trabalho tradicional" por exemplo: as mães recebem, por exemplo, 6 meses de licença maternidade (o que na minha opinião é muito pouco! e o pai apenas algumas semanas!!); planos de saúde (já que você trabalha tanto não tem tempo para cuidar de si e tem que ir para um sistema de saúde ruim, tomar remédios caros, que em geral não resolvem a causa da doença, somente os sintomas); férias remuneradas (já que você trabalha muito e não tem tempo para se divertir ou ter paz suficiente durante todo o ano e, em seguida, você tem um mês para gastar "todo o dinheiro que você tem" em algum lugar turístico); etc. Poderia estender esta lista, mas é o suficiente para obter uma imagem do "por quê dos *benefícios*". Então, uma pergunta natural é: precisamos trabalhar nesse tipo de trabalho para receber esses "benefícios insuficientes".

Por outro lado, em um trabalho comunitário baseado em bens comuns, por exemplo, ele se funde com a vida pessoal e os benefícios são "plantados" e "colhidos", simultaneamente, dentro e pela comunidade – e todos se apoiam mutuamente.

Mas, como ouvi nas entrevistas, os empreendedores da Economia Colaborativa se envolvem tanto com seu trabalho que também não têm muito tempo para construir sua vitalidade comunitária e qualidade de vida fora do espaço de trabalho. No entanto, as comunidades podem ser construídas em qualquer lugar e nesses espaços (por exemplo, a GOMA), de acordo com muitos dos entrevistados existe muito carinho, sensibilidade, significado, apoio etc. Como eles dizem: "tem uma família e um espírito de cooperação". Talvez isso possa ser concebido como um novo fenômeno: a *"comunificação do trabalho"*. Ou seja, quando o espaço de trabalho começa a gerar qualidades de um padrão Comum. É claro que também é possível, ainda, estabelecer bases mais colaborativas em empresas e trabalhos mais tradicionais, como, por exemplo, a redução da jornada de trabalho oficial de 8 para 6 ou até 4 horas diárias. Isso, por exemplo, pode permitir que você continue tendo mais tempo para você, para cuidar da sua saúde, da sua família, fortalecer sua comunidade e seu bem estar, equilibrado nos pontos citados acima. Assim como, também, a hierarquia dentro das organizações pode encontrar outros formatos que permitam uma maior liberdade de criação e colaboração entre pessoas. Outra possibilidade é as empresas assumirem seu papel protagonista e procurar estabelecer conexões mais justas e frutíferas durante toda sua cadeia de valor movida não apenas pelo pensamento financeiro em foco – como a otimização do lucro.

Outra questão correlacionada às relações de trabalho na Economia Colaborativa é a ideia de que esse sistema elimina a necessidade de um intermediário (grandes empresas, mercado e governo, por exemplo). No entanto, Michel Bauwens discute se, na verdade, esse tipo de plataforma colaborativa está realmente atuando como tal. De fato, eles estão facilitando as transações (e alguns deles explorando os ativos das pessoas e obtendo lucros enormes com isso), mas ainda não sei ao certo em que medida eles representam um intermediário. Por exemplo, o Airbnb recebe lucros exorbitantes em cima da relação do hóspede com o anfitrião por ser uma plataforma on-line que conecta partes.

O último ponto desta subseção é um debate muito interessante e importante: como recriar o ciclo de valor entre a criação, a distribuição e a renda em uma Economia Cívica P2P? E como criamos modelos para transportar ativos e capital cruzando as fronteiras das classes sociais?

Acredito que essas são questões-chave para essa "Economia Colaborativa baseada em bens comuns" e abordam a mesma questão de como a Economia Colaborativa pode se tornar mais democrática, com lucros, renda e receitas retornando ao Comum. Na verdade, os usuários já estão compartilhando ativos, distribuindo, cocriando, cogerenciando, coaprendendo etc., mas a redistribuição (ciclo) do lucro e dos rendimentos para os usuários ainda é obscuro. E, em diversos negócios da Economia Colaborativa, ainda existe uma retenção de boa parte do lucro nas mãos de uma parte. Desta forma, este é um desafio para a Economia Colaborativa em direção ao Comum.

A imperfeição da nossa reputação

Além de muitas críticas sobre o sistema baseado em reputação apresentado anteriormente, aqui vamos vê-lo por outro ângulo.

Em nosso perfil no Facebook, neste mundo virtual, temos a chance de postar apenas sobre o nosso "lado bom" e, em seguida, fazer uma imagem "boa" de nós mesmos, em nosso mundo "perfeito". No entanto, estamos cheios de contradições:

> *Eu me contradigo? Pois muito bem, eu me contradigo, sou amplo, contenho multidões.*
> Walt Whitman

Nós erramos, cometemos crimes, temos vícios, temos defeitos, e assim por diante. Mas, na verdade, isso é tão humano quanto amar. Essa visão dualista do bem e do mal, do pecado e do perdão, são suposições muito simplistas e subjetivas do nosso comportamento humano, aprisionando monstros ocultos.

Estou preocupado que este sistema de reputação possa representar algo ainda pior do que a privação financeira dos créditos bancários, incluindo a repressão da falsa moralidade.

Nesse sentido, como poderíamos incluir as vulnerabilidades e fragilidades das pessoas nesse "sistema de reputação", desmistificando o modelo de perfeição e apenas bons benfeitores-realizadores? O sistema de classificação com os maiores conceitos para os melhores ainda está preso na meritocracia e na competição, e eu não acredito que isso ajude as pessoas a aceitarem umas às outras com cuidado e compreensão. Então, como a flexibilidade e a compreensão de nossos lados "sombrios", "ruins" ou "não tão bons" podem ser moderados e absorvidos pelo sistema – para que não sejamos julgados por nossas dificuldades pessoais, mas reconhecidos?

Preparando nossa Jornada de Volta

Viajar por essa história da Economia Colaborativa e do Comum foi muito recompensador e inspirador. Sinto que foi um processo de descoberta de um novo mundo, enquanto eu ia cuidadosamente explorando uma investigação profunda e, no fim, encontrei uma imensidão. Fiquei atônito em ver a capacidade deste novo fenômeno econômico e ao mesmo tempo as contradições, desafios e obscuridades que se desdobram dele.

Acredito que consegui arranhar a superfície de algo maior do que esperava antes, mas também fui capaz de revelar algumas camadas de múltiplas facetas enquanto elas emergiam. Foi um processo contínuo de buscar cada característica e acessar todas as suas possibilidades. Este processo trouxe uma complexidade escondida em uma ideia jovem e em crescimento, que me fez entender que ainda há muita necessidade de dedicação pela frente.

Termino sem uma conclusão fechada e, na realidade, com muitas perguntas para um novo começo. Portas se abriram durante esta jornada – e vou mantê-las abertas. Esta pesquisa me mostrou que vejo um grande potencial na Economia Colaborativa, mas agora com olhos mais maduros, menos ingênuos e menos encantados. É, definitivamente, um trabalho contínuo que me permitiu ser nutrido com uma visão mais ampla e mais consistente.

É muito importante observar que da Economia Colaborativa emerge uma perspectiva cultural. Acredito que este ângulo me permitiu um outro nível de profundidade, no qual minha intenção não foi baseada em trazer soluções para um novo mundo ou demonstrar eficiência econômica; em vez disso, foi a possibilidade de avaliar se o histórico dessas ações é realmente baseado em valores, crenças e significados transformadores.

Depois de tudo, entendi que a tecnologia, os produtos e o sistema empresarial são menos importantes se as intenções por trás deles não estão ancoradas em valores diferentes. Até mesmo nossa análise e crítica sobre tudo isso tem que vir de uma fonte diferente de conhecimento, intenções, valores e significados. É sobre a escolha de seguir estimulando a perspectiva majoritária ou quebrar padrões culturais e evoluir para um paradigma completamente novo. Se continuarmos observando este novo formato econômico com as mesmas bases – as mesmas lentes –, nada vai funcionar.

O que eu quero dizer é que a Economia Colaborativa pode ser uma evolução oportunista do atual modelo econômico (como, por exemplo, aumentando a vulnerabilidade das pessoas através de desregulamentação e usando o desespero para atingir o lucro egoísta) ou o começo de um ponto de virada onde os indivíduos são mais abertos a compartilhar e viver coletivamente – administrando seus recursos juntos e evoluindo com seus dilemas sociais compartilhados. Tudo depende da fonte das intenções e atenções de cada participante e cada iniciativa. Por um tempo tenho certeza que ambos vão coexistir em um cenário híbrido.

Portanto, acredito que a Economia Colaborativa seja parte de uma mudança cultural profunda que está em curso neste momento, e por isso não sabemos ainda se ela está seguindo para uma reforma – ou metamorfose – em suas estruturas mais profundas ou não. De fato, a Economia Colaborativa está provocando mudanças e novos padrões sociais como vimos, ou pelo menos mostra claramente que existem outras formas de atender nossas necessidades – sem depender tanto do intermediário – e que transações econômicas baseadas em colaboração são possíveis com um potencial desdobramento em diferentes formas de trabalho e relações comunitárias.

Dado que vivemos agora em um mundo muito mais conectado e que o Comum está encarando uma fase de "fronteiras sem muros", esta falta de raízes está demandando que tomemos conta de nós mesmos. A ideia de comunidades bem definidas parece estar se dissolvendo e, por esta razão, acredito que nosso maior desafio será fazer da Economia Colaborativa uma forma de cuidado e afeto, muito além de acesso a bens e serviços. Isso seria, de fato, uma mudança cultural significativa. A escala massiva de conectividade e a ideia de uma desestabilização da regulação e dos intermediários significa que vamos precisar de um apoio mútuo mais forte, o que demanda uma reforma cultural profunda – ou, por outro lado, a impulsiona – na direção de um paradigma baseado no Comum.

Finalmente, outro fator-chave que exploramos nesta concepção é a aceitação da incerteza e do desconhecido. Se quisermos facilitar um novo paradigma, precisaremos estar abertos para a mudança e permitir a criação do vazio, onde não existe um modelo imposto (nem mesmo um modelo baseado no Comum), mas decisões dinâmicas coletivas em andamento. Não existem soluções prontas, pois o Comum é sobre Ser (quem se é) e não sobre ter. Se algo não existe para permitir o Ser, então não deve acontecer. Ser verdadeiro não é conter verdades prontas: é sobre ser significativo em cada ação e respeitoso com as dificuldades. Não tenho a intenção de trazer nenhum tipo de verdade aqui, mas de estimular a curiosidade sobre como podemos criar juntos um mundo melhor, mais igual, justo e interdependente.

Referências Bibliográficas

AIGRAIN, Philippe. **Sharing Culture and the Economy in the Internet Age**. Amsterdam University Press. Disponível em: <http://www.sharing-thebook.com/>. Acessado em: 2014.

BAUMAN, Zygmunt. **Ensaios sobre o conceito de cultura**. 1ª ed. Rio de Janeiro: Zahar, 1999.

BAUWENS, Michel. **Lecture at Crosstalk** 2013. Disponível em: <https://www.youtube.com/watch?v=EdtSOO7MtwY>. Acessado em: 20/07/2014.

BENKLER, Yochai. **The Wealth of Networks: How Social Production Transforms Markets and Freedom**. Boston: Yale University Press, 2006.

BOLLIER, David. **The Quiet Realization of Ivan Illich's Ideas in the Contemporary Commons Movement**. 2013. Disponível em <http://bollier.org/blog/quiet-realization-ivan-illichs-ideas-contemporary--commons-movement>. Acessado em: 18/06/2014.

BOTSMAN, Rachel.; ROGERS, Roo. **O Que É Meu É Seu: Como o Consumo Colaborativo Vai Mudar o Nosso Mundo**. 1 ed. Porto Alegre: Bookman, 2011.

BOTSMAN, Rachel. **The Sharing Economy Lacks A Shared Definition**. 2013. Disponível em: <http://www.fastcoexist.com/3022028/the-sharing-economy-lacks-a-shared-definition>. Acessado em: 12/07/2014.

CASTELLS, Manuel. **Networks of Outrage and Hope: Social Movements in the Internet Age**. Cambridge: Polity Press, 2012.

EVANS, Jon. **Meet The New Serfs, Same As The Old Serfs**. 2013. Disponível em: <http://techcrunch.com/2013/10/05/meet-the-new-serfs--same-as-the-old-serfs/>.

HARDT, Michael; NEGRI, Antonio. **Commonwealth**. Cambridge: The Belkna Press, 2009.

HESS, Charlotte; OSTROM, Elinor. **Understanding Knowledge as a Commons: From Theory to Practice**. Edited by Charlotte Hess and Elinor Ostrom, MIT Press -mitpress.mit.edu/sites/default/files/titles/content/9780262083577_sch_0001.pdf. 2006.

ILLICH, Ivan. **Silence is a Commons: Computers are doing to communication what fences did to pastures and cars did to streets**. Disponível em: <http://www.preservenet.com/theory/Illich/Silence.html>. Acessado em: 22/08/2014.

JACKSON, Tim. **Prosperidade sem Crescimento. Vida Boa em um Planeta Finito.** 1 ed. São Paulo: Planeta Sustentável, 2013.

LARA, Tomás de. **Shifting Paradigms: from an egocentric to an ecocentric economy**. Lecture in OuiShare 2014. Disponível em: <https://www.youtube.com/watch?v=nZlBKa0HMOc>.

LUHMANN, Nicklas. **The autopoiesis of social systems**: essays on self-reference. New York: Columbia University Press, 1990.

MATURANA, Humberto; VARELA, Francisco. **Autopoiesis and cognition: The realisation of the living**. Boston: D. Reidel. 1980.

MORIN, Edgar. **A cabeça bem-feita: repensar a reforma, reformar o pensamento**. Rio de Janeiro: Bertrand Brasil, 2010.

MORIN, Edgar. **Rumo ao abismo: ensaios sobre o destino da humanidade**. Rio de Janeiro: Bertrand Brasil, 2011.

NEGRI, Antonio; REVEL, Judith. **Inventing the Common**. 2008. Disponível em: <http://www.generation-online.org/p/fprevel5.htm>.

ORSI Janelle. **The Sharing Economy Just Got Real**. 2013. Disponível em: <http://www.shareable.net/blog/the-sharing-economy-just-got-real>.

RAWORTH, Kate. **A Safe and Just Space for Humanity**. Oxfam Discussion Paper. 2012.

RIFKIN, Jeremy. **The zero marginal cost: the internet of things, the collaborative commons, and the eclipse of capitalism**. New York: Palgrave Macmillian, 2014.

ROCKSTRÖM, J. et al. **Planetary boundaries: exploring the safe operating space for humanity. Ecology and Society** 14(2): 32. 2009 Disponível em: <http://www.ecologyandsociety.org/vol14/iss2/art32/>.

SCHARMER, C. Otto. **Theory U: Leading From the Future as it Emerges; the social technology of presencing**. São Francisco: Berrett-Koehler Publishers, 2009.

SUNDARARAJAN, Arun. **Our Collaborative Future? Ownership, Equity and Growth in the Sharing Economy**. Lecture in Ouishare 2014. Disponível em: <https://www.youtube.com/watch?v=M5C44Pwq-0D8&index=8&list=PL8Bt3EbdmpKPoxGdC2fGv0XsHoNxWBv5C>.

THE ECONOMIST. **All eyes on the sharing economy**. 2013. Disponível em: <http://www.economist.com/news/technology-quarterly/21572914-collaborative-consumption-technology-makes-it-easier-people-rent-items>.

WEARDEN, Graeme. **Oxfam: 85 richest people as wealthy as poorest half of the world**. 2014. Disponível em: <http://www.theguardian.com/business/2014/jan/20/oxfam-85-richest-people-half-of-the-world>. Acessado em: 28/03/2014.

WEBER, Andreas. **Enlivenment: Towards a fundamental shift in the concepts of nature, culture and politics**. Berlin: Heinrich Boll Stiftung, 2013.

WILBER, Ken. **Uma Breve História de Tudo**. 2.ed. Porto: Via Optima, 2005.

WILBER, Ken. **The collected works of Ken Wilber: volume six: sex, ecology and spirituality**. Boston: Shambhala, 2000.

Benfeitores, OBRIGADO!

A publicação deste livro foi realizada por meio de financiamento coletivo, na plataforma Benfeitoria, de julho a agosto de 2018.

Foram adquiridos 510 exemplares por leitores e empresas, e 15 foram destinados a instituições indicadas por colaboradores da campanha – como previsto em uma das modalidades de recompensa.

A todos que colaboraram nossa imensa GRATIDÃO!!!

Adriana Mesquita Rigueira • Adriana Paiva • Agostinho Vieira • Airton Antonio Castagna • Alexandre Gheiner • Amanda Carrara • Amanda Guariento • Ana Angelica Costa • Ana Carolina Schultz Araujo • Ana Claudia Ghizi de Mello • Ana Luíza Alvarenga Barbosa • Ana Luiza Oliveira • Ana Paula Rocha • Ana Paula Viegas • Ana Thereza Menezes Wiedemann • Ana Tornaghi • André Aristóteles • Andre Chiavegatto • Andre Ghizi • André Herzog • Andre Uzum • Andrea Lacerda • Angela Varela • Anna Lena Hahn • Anna Tornaghi • Antonio Pedro Melchior • Antonio Rodrigues • Araci Albuquerque de Queiroz • Artur Potsch • Augusto Borges Graciano • Augusto Gutierrez • Barbara Freire Leite • Bárbara Gouvea • Beatriz Penna • Bernardo Ferracioli • Bianca Oliveira de Andrade • Bruno de Holanda • Bruno

S. Rodrigues • Bruno Villas-Boas • Caio de Medeiros • Camila Carvalho Vilela de Moraes • Camila Haddad • Camila Hochleitner • Camila Pires • Camila Rocha • Carla Albuquerque • Carla Barbedo Zorzanelli • Carla Branco • Carla Edna Barbosa Bispo • Carla Maria Pereira Rodrigues Valle • Carlos Alberto de Brito e Cunha • Carlos Andreas • Carlos Max Poley Guzzo • Carolina de Luz • Carolina Teles • Casa Naara • Celia Regina Moraes Leme • Charlene Daniel de Andrade • Cid Alledi Filho • Clara Letelier • Clara Trevia • Claudia da Silva Sant Ana • Dana Breda • Daniel Larusso Barros • Daniela Almeida Rabello • Danilo Candombe • Dayse Guilherme • Della Duncan • Denise Agnes Pimenta e Paiva • Diego Paiva Azevedo da Silva • Diogo Zaverucha Pinheiro • Drica Paiva • Eduardo Ramos • Eduardo Weaver • Edwilson J S Costa • Eliana Sant'Anna • Eliane Cohen • Emily Swain • Emmanuel Khodja • Eric Eustáquio • Erik Dana • Eriko Fujii • Ermio Patrão • Esther Klausner • Felipe de Souza • Felipe Faillace Salazar • Felipe Roxo Teixeira Ramalho • Felipe Waller • Fernanda Antonio • Fernanda Griem • Fernanda Mann • Fernanda Quevedo • Fernando Cespe • Fernando Favaretto • Filipe Freitas • Filipe Freitas • Filipe Vinicius Carvalhais • Francisco Junqueira Dausacker Bidone • Frederic Vandenberghe • Frederico Silva Dantas • Gabriel Figueira • Gabriel Gomes • Gabriela Pedrosa • Gailesh • galera do curso O2 da Target Teal • Georgia Cunha • Geraldo Souza • Gilda Maria Fittipaldi Freire de Carvalho • Guilherme Hiroshi Atsumi • Guilherme Pacheco • Guilherme Lito • Gustavo Dale • Gustavo Manzini • Hanna Castro • Haydi Schaeffer • Henrique Botkay • Henrique Luz Santos • Henrique Nascimento Tapeporã • Henry Goldsmid • Human Life Journey • Ilana Majerowicz • Ingrid Weber • Isabel B Zborowski • Jack Herring • Jane Rech • Jaska Van de Sompel • Jason Hirsch • Joao Antunes • João Marcello Macedo Leme • João Victor Morais • Jonathan Dawson • Joel de Oliveira Júnior • Jorge Itapuã Beiramar • Jorge Piazarollo • Judith Maria Do Nascimento Kuhn • Julia Espeschit • Júlia Fróes da Fonseca dos Santos • Juliana Prado Teixeira • Juliana Sardinha • Juliana Royo • Juliana Schneider • Juliana Valverde • Juliana Vaz Bevilaqua • Juliane Ferreira • Juliano Monteiro • Julio Bomeny Barretto • Kamila Ramil • Karin Ourique • Kelly Cristina dos Santos Lima • Kelly Lissandra Bruch • Kisoul Bibliotecas Corporativas • Lana Rosa • Lara Jamar • Leandro Jesus • Leonardo Letelier • Leticia Carneiro da Silva • Leticia Stewart • Lia D'Amico • Lorena Laudares • Lorena Wilson Jabour • Louise Pereira Rodrigues Valle • Luana Furtado Carvalho • Lucas Milanez Leuzinger • Luciana Cristina da Silva Soares • Luciano Collet • Luciene Bernardes • Lucimara Letelier • Lúcio Proença • Ludmila Maria Majerowicz • Luis F Magalhaes • Luís Fernando Magalhães • Luis Paulo • Luísa Diebold • Luisa Rodrigues • Luiza Carneiro

Mareti Valente • Luiza Chamma • Luiza Pereira • Luiz Henrique Pellon • Lygia Franklin • Mabel Lazzarin • Marcella Zeitune • Marcia Elizabeth Plessmann • Marcia SIlva • Margarete Cleia de Oliveira • Maria Cecilia Pestana • Maria Eugenia • Maria Pia Palmeiro • Mariana Amazonas • Mariana Anselmo • Mariana Berardinelli • Mariana Diniz • Mariana Mayumi • Mariana Prado Fonseca Rothier • Mariana Villaça • Mari Chiba • Marcus Fiorito • Marina Daim • Marina de Martino Roberto • Marina Godinho • Marina Lima • Marina Projetos Ltda. • Mateus Lima • Maurício Luz • Maurício Moeller • Mauricio Valladares • Mauro Meirelles • Mayra Mota • Melissa Bivar • Michael Bauwens • Michele Azevedo • Michele Ditzel de Abreu • Mônica Chaves • Murilo Eduardo Farah • Nadja Calábria • Naiara Alves Marques de Andrade • Natalia carcione • Naiara Alves Marques de Andrade • Natan Mobley Bertolini • Nathalia Dill • Newton Ferraro Júnior • Nigra Consultoria • Nina Telles • Nina Terra • Nivaldo Rui Friol • Noêmi Chiavegatto Pereira • O2 Eco Tecnologia Ambiental • Olinto Manso Pereira • Olivia Ferreira • Pamela Moreira Fonseca • Patricia Furtado de Mednonça • Patrícia Lamego • Patricia McQuade • Patricia Morgado • Paulo Arias • Pedro Augusto • Pedro Barros Chagas de Oliveira • Pedro Henrique Cunha • Pedro Libman • Pollyana Silva • Prashant Goel • Priscila Caligiorne • Rafael Campos • Rafael Centeno de Rezende • Rafael Fingergut Santos • Rafael Furstenau Togashi • Rafael Massad Leal Saleme • Rafael Solon • Renata Banharo • Renata Brito e Cunha • Renata Del Vecchio Gessullo • Renata Luci de Lara Baptista • Renato Senna • Ricardo Cárdenas Jansen • Ricardo Elia de Almeida Magalhães • Rick Viana • Roberto de Macedo Dertoni • Rob Shorter • Rodrigo Bastos • Rodrigo Lasmar • Rodrigo Maia • Ronaldo Rocha • Rosane Berlinski • Rose Kudlac • Rute Casoy • Sam Colli • Sandra Corrêa • Sasha Matthews • Sergio Baptista Dantas • Silvia Cury • Simone Carrocino • Suzanna Brandão Duarte • T.E.R.R.A. - Transição de Empreendedores Rumo à Abundância • Taiana Trajano • Taís Campos • Target Teal • Tatiana Doin • Tatiana Faria De Araujo • Tatiana Kingston • Tatiana Leite • Tatiana Zanghi Doula • Teca e Frida • Téo Benjamin • Terra Una • Thaysa Pacheco • Thiago Cascabulho • Thomas Rickard • Thomaz Morel Falcão • Tiago Gomes • Tiago Lauber da Silva • turma do Gaia Education Belo Horizonte 2018 • turma do Gaia Education Rio de Janeiro 2018 • Ursulla Araujo • Vagner Luís Ferreira da Costa • Valeria Resende Faria • Vanessa Alkmin • Vanessa Tenório • Vicente Salvador de Barros Porto • Victor Ferraz • Victor Moraes Rego Piranda • Victor Narem • Vitor Saboya • Viviane Falcão • Wagner Andrade Costa da Silva • Yara Alencar

Conheça outros importantes títulos
da Bambual Editora:

De Johann W. Goethe
LILA

Achado das pesquisas que o médico-psiquiatra Vitor Pordeus empreendeu em psiquiatria transcultural e teatro no Canadá, *LILA* é uma jóia rara do pensamento universal, publicada em 1818 pelo gênio Johann Wolfgang von Goethe, conhecedor profundo da natureza humana.

Nesta peça ele nos dá uma inesquecível lição de psicologia junguiana, 200 anos antes de Jung, sobre os importantes princípios de promoção de saúde mental em tempos de epidemia de doenças mentais. Qualquer semelhança com os tempos que vivemos não é mera coincidência.

Pesquisa e tradução de Vitor Pordeus.

#primeirosaudemental

Organizado por Ilana Majerowicz, Isabel Valle
e Rafael Togashi

ECOVILAS BRASIL, CAMINHANDO PARA
A SUSTENTABILIDADE DO SER

Para além da sociedade de consumo, destrutiva e individualista, as Ecovilas ou comunidades intencionais foram reconhecidas pela ONU como modelos excelentes de vida e uma das melhores práticas para o desenvolvimento sustentável e regenerativo do Planeta.

São laboratórios vivos, que estão criando e experimentando novas formas de organização e relacionamento, proporcionando ao mesmo tempo qualidade de vida e baixo impacto ambiental. Não existe um formato específico ou um padrão formatado. Não existe certo ou errado, melhor ou pior. Uma nova cultura é instaurada no momento em que pessoas têm a intenção de se juntarem para viverem uma vida que faz sentido a elas.

Inspirado no documentário homônimo, este livro reúne cerca de 30 relatos de médicos, arquitetos, nutricionistas, ativistas e educadores, entre outros perfis, sobre suas experiências em ecovilas brasileiras e assuntos afins.

BAMBUAL EDITORA
livros para a transição global

Para saber sobre nossos lançamentos, eventos
e palestras de nossos autores visite o site
www.bambualeditora.com
e curta nossas redes sociais.

Você terá acesso a conteúdos exclusivos
e poderá participar de promoções e sorteios.

 www.bambualeditora.com

 facebook.com/bambualeditora

 instagram.com/bambualeditora

Se você quiser manter contato por e-mail,
se cadastre diretamente em nosso site
ou envie uma mensagem para
contato@bambualeditora.com

Rua Teófilo Otoni, 134 sobrado – Centro
Rio de Janeiro – RJ – 20090-070 – Brasil
E-mail: contato@bambualeditora.com

Este livro foi impresso na Primavera de 2018,
em papel off-set 90g/m² e utilizadas as fontes
Palatino e Aero Matics.